2022-2023
13e édition

L'essentiel du DROIT INTERNATIONAL PUBLIC

Wafa Tamzini / Catherine Roche

Gualino
un savoir-faire de Lextenso

LES CARRÉS

Cette collection de livres présente de manière synthétique, rigoureuse et pratique l'ensemble des connaissances que l'étudiant doit posséder sur le sujet traité. Elle couvre :

- le Droit et la Science Politique,
- les Sciences économiques,
- les Sciences de gestion,
- les concours de la Fonction publique.

Wafa Tamzini est Maître de conférences en droit public à l'Université Sorbonne Paris Nord, diplômée de sciences politiques et spécialiste de relations internationales.

Catherine Roche est Professeur des Universités à l'Université du Littoral Côte d'Opale où elle enseigne les relations internationales et les politiques internationales et communautaires.

Du même auteur, chez le même éditeur :

Collection « Carrés Rouge »

- L'essentiel du Droit de l'environnement, 12e éd. 2022.

1, Parvis de La Défense
92044 Paris La Défense Cedex
EAN 9782297176415

Suivez-nous sur www.gualino.fr

Contactez-nous **gualino@lextenso.fr**

PRÉSENTATION

Le Droit international public a pour objet de réglementer les relations au sein de la société internationale. Ce droit s'intéresse aux ***rapports entre*** sujets de Droit international, c'est-à-dire principalement les ***États*** et plus récemment les ***organisations internationales***. Si les individus ont fait une apparition dans la société internationale depuis une cinquantaine d'années, ils ne restent que de simples acteurs et ne sont pas de véritables sujets de droit.

La société internationale est une communauté hétérogène, décentralisée, conflictuelle mais marquée par une volonté de créer des solidarités.

Elle est hétérogène du fait de la multitude d'États qui la composent, des États très différents sur tous les plans : physique, économique, politique...

Elle est décentralisée, parce que le Droit international est marqué par le principe de souveraineté des États. Les États sont indépendants et juridiquement égaux, il n'existe pas de pouvoir supérieur pouvant leur imposer une politique commune, ou l'application d'une décision d'une juridiction internationale (nous verrons d'ailleurs que la compétence de ces juridictions n'est pas obligatoire pour les États). On relève donc une multiplicité de volontés égales qui peuvent s'affronter.

Elle est conflictuelle en conséquence des deux éléments précédents : qu'il s'agisse de conflits de « blocs », de « voisinage », ou infra-étatiques, la société internationale a été et reste le théâtre de tous les types d'antagonismes.

Malgré tout, une volonté de créer des solidarités existe. Elle est soulignée par la ***multiplication des organisations intergouvernementales***, et le ***nombre important de traités internationaux*** conclus entre les États. Paradoxe de la société internationale, jamais les conflits régionaux n'ont été aussi nombreux, jamais le nombre d'organisations internationales – notamment régionales – n'a été aussi élevé. Dans le même esprit, les sommets interétatiques sont de plus en plus fréquents et les relations internationales deviennent essentielles.

Le Droit international public a donc le rôle – difficile – de réglementer ces relations. Il est alors tout autant un droit de l'utopie, par exemple lorsqu'il pose le principe de l'interdiction du recours à la force, qu'un droit du pragmatisme lorsque dans le même temps il réglemente l'usage de cette force. Au vu des dernières évolutions du Droit international, ou plutôt de l'utilisation qui en est faite, on peut même se demander s'il n'est pas devenu un droit utopique...

Le présent ouvrage a pour ambition de permettre à l'étudiant d'avoir une vue d'ensemble du Droit international public, en ***présentant successivement les modes de formation de ce droit, les acteurs de la société internationale, le droit régissant les relations internationales et les espaces***.

PLAN DE COURS

PLAN DE COURS

PLAN DE COURS

PARTIE 2
Les acteurs

Chapitre 9 – Les ONG et les personnes privées 83

PARTIE 3
Les relations internationales

PARTIE 4
Les espaces

PLAN DE COURS

Liste des abréviations utilisées

AGNU	Assemblée générale des Nations unies
CDI	Commission du droit international
CE	Conseil d'État
CPI	Cour pénale internationale
CEDH	Cour européenne des droits de l'Homme
Conv. EDH	Convention de sauvegarde des droits de l'Homme et des libertés fondamentales
CES (ou ECOSOC)	Conseil économique et social (ONU)
CIJ	Cour internationale de Justice
CJUE	Cour de justice de l'Union européenne
CNUDM	Convention des Nations unies sur le droit de la mer
CPJI	Cour permanente de justice internationale
CSNU	Conseil de sécurité (ONU)
IRENA	Agence internationale des énergies renouvelables
MTPI	Mécanisme international pour les tribunaux internationaux
OACI	Organisation de l'aviation civile internationale
OCDE	Organisation de coopération et de développement économique
OEA	Organisation des États Américains
OING	Organisation internationale non gouvernementale
OIT	Organisation internationale du travail
OMI	Organisation maritime internationale
ONG	Organisation non gouvernementale
ONU	Organisation des Nations unies
OSCE	Organisation de sécurité et de coopération en Europe
SdN	Sociétés des Nations
TANU	Tribunal administratif des Nations unies
TPIR	Tribunal pénal international pour le Rwanda
TPIY	Tribunal pénal international pour l'ex-Yougoslavie
ZEE	Zone économique exclusive

PARTIE 1
La formation du Droit international public

Chapitre 1

Les traités

Source privilégiée du droit international, le traité lie les souverainetés nationales. Il constitue un accord de volontés entre sujets de droit international public destiné à produire des effets de droit.

Traditionnellement, l'étude des sources du Droit international s'organise autour d'une typologie tirée de l'article 38 du statut de la Cour Internationale de Justice (CIJ). Celui-ci prévoit que « la Cour, dont la mission est de régler conformément au Droit international les différends qui lui sont soumis, applique : a) les conventions internationales, soit générales, soit spéciales, établissant des règles expressément reconnues par les États en litige ; b) la coutume comme preuve d'une pratique générale acceptée comme étant le droit ; c) les principes généraux du droit reconnus par les nations civilisées ; d) sous réserve de la disposition de l'article 59, les décisions judiciaires et la doctrine des publicistes les plus qualifiés des différentes nations, comme moyen auxiliaire de détermination des règles de droit ».

Parce qu'il faut avoir à l'esprit que cette disposition a avant tout un caractère fonctionnel, et qu'il ne faut pas vouloir lui faire jouer un rôle qu'elle n'a pas, c'est en complétant cette liste par des observations issues de l'étude de la pratique que nous aborderons l'examen du ***processus de formation du Droit international***.

Sans doute parce qu'il est l'instrument qui garantit le plus pleinement la sauvegarde de la liberté de l'engagement étatique, le traité se place au premier rang des sources du Droit international. Il est apparu historiquement avec le développement des premières relations interétatiques.

Les traités peuvent faire l'objet de diverses classifications, fondées sur des critères matériels ou formels. Dans la deuxième hypothèse, on différenciera surtout les traités bilatéraux (entre 2 États) des traités multilatéraux. Seule cette dernière classification présente un intérêt pratique, puisqu'elle entraîne d'importantes différences de régime juridique.

Commencée au début des années 1950, la tâche de codifier le droit des traités (v. Chapitre 2 « La coutume ») aboutit avec l'adoption le 22 mai 1969, de la ***Convention de Vienne sur le droit des***

traités conclus entre États (en 1986, cette convention a été complétée par une autre, portant sur les traités conclus entre un État et une organisation internationale ou entre organisations internationales). Un traité est donc conclu ***entre sujets de droit international public*** (Chapitres 7 et 8). Selon la Convention, « l'expression « traité » s'entend d'un accord international conclu par écrit entre États et régi par le Droit international, qu'il soit consigné dans un instrument unique ou dans un ou plusieurs instruments connexes, et quelle que soit sa dénomination particulière ». En effet, le traité peut avoir différentes dénominations, telles que traité, convention, accord, acte final, protocole, charte, pacte... toutes sont équivalentes. Si cette définition reste peu précise, on doit cependant souligner qu'un traité prend une ***forme écrite*** et qu'il doit absolument produire des ***effets de droit***. Il est également soumis au droit international. La Convention réunit aujourd'hui 116 États mais la France ne l'a toujours pas ratifiée. Les dispositions de la Convention, leur validité, leurs effets ou leur terminaison ont pour leur plus grande partie une portée coutumière. Cependant, la plupart de ses dispositions ont une ***portée supplétive*** ce qui signifie qu'elles ne s'appliquent que dans le silence de chaque traité qui peut prévoir des dispositions autres le concernant.

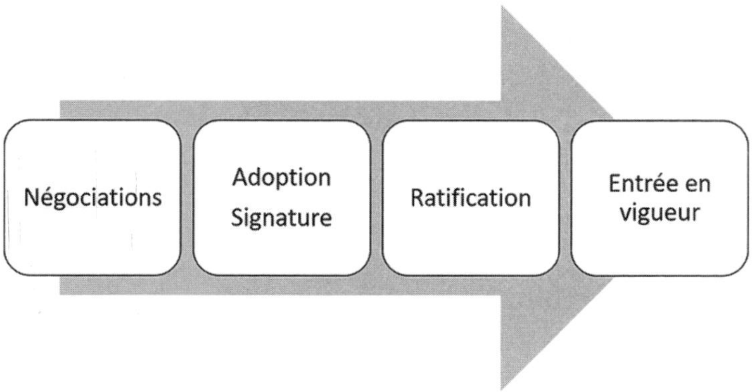

1 La conclusion des traités

La conclusion d'un traité se déroule en une série d'étapes successives, comprenant la négociation, l'adoption et l'expression par l'État de son consentement à être lié.

■ *L'élaboration du texte conventionnel*

a) La négociation

Cette ***phase vise à définir les obligations de chacune des parties***. Elle est le fait des représentants des États, dûment mandatés – les plénipotentiaires –, sachant que c'est le droit interne de chaque État qui détermine l'autorité compétente pour négocier. L'article 52 de la Constitution de 1958 précise que le président de la République négocie et ratifie les traités mais en réalité d'autres personnes peuvent être habilitées à négocier comme les ministres ou diplomates par exemple

Du fait de l'élargissement de la société internationale, la négociation des traités multilatéraux se déroule aujourd'hui le plus souvent à l'initiative puis au sein d'une conférence internationale placée sous les auspices d'une organisation internationale. Principalement l'ONU, bien sûr, mais aussi des organisations spécialisées. Les travaux peuvent durer plusieurs années (avec des sessions d'1 ou 2 mois par an : par exemple les travaux sur la Convention des NU sur le droit de la mer [Chapitre 14]) ; ils peuvent être plus courts lorsqu'un projet assez avancé (« *draft* », établi par exemple par un organe créé spécialement) est proposé à la discussion.

Lorsque les parties à la négociation arrivent à un accord sur la version finale du texte, celui-ci peut être adopté.

b) L'adoption

Elle ***se manifeste par l'adoption du texte définitif qui, pour les traités multilatéraux peut se faire par un vote de la conférence, et dans tous les cas par son authentification par la signature***. La signature du traité par les États peut être :

- soit définitive et il s'agit d'accords en forme simplifiée ;
- soit elle est donnée sous réserve de ***ratification***, acceptation ou approbation (la procédure est fonction du droit interne de chaque État) pour les traités en forme solennelle.

Dans ce second cas si l'État ne devient pas encore partie au traité du fait de signature, cette formalité n'est pas sans portée juridique puisque l'article 18 de la Convention de Vienne dispose qu'un État signataire « ne doit pas priver un traité de son objet et de son but avant son entrée en vigueur ». De même, pèse sur cet État une obligation de bonne foi de poursuivre le processus de conclusion en présentant le traité à ses autorités internes pour qu'elles se prononcent sur leur volonté de se lier définitivement. Par ailleurs, même en l'absence de ratification et donc d'entrée en vigueur, la signature d'un traité par un grand nombre d'États peut avoir une portée politique et juridique importante. Ainsi, les dispositions de la Convention des Nations unies sur le droit de la mer de 1982 sont largement passées dans le droit positif (coutumier) avant son entrée en vigueur, qui n'est intervenue qu'en 1994.

■ *L'expression par l'État de son consentement à être lié*

La Convention de Vienne différencie donc les accords en forme solennelle, pour lesquels l'expression par l'État de sa volonté de se lier doit se manifester par ***la ratification***, des accords en forme simplifiée, pour lesquels on considère que ***la signature*** du traité vaut à la fois authentification et expression définitive de la volonté de se lier. Quelle que soit la procédure suivie, il n'existe pas de différence de nature entre ces deux catégories d'accords. Aujourd'hui, pour des raisons pratiques, les accords en forme simplifiée représentent plus de 60 % des traités conclus.

a) La ratification

C'est ***l'acte par lequel l'autorité étatique constitutionnellement compétente pour conclure les traités confirme la volonté de l'État de se lier par le traité, et s'engage à l'exécuter***. La procédure de ratification est exclusivement réglée par le droit interne de chaque État ; elle permet en général d'associer le législateur ou l'opinion publique interne à la décision de conclure un traité. Si en France, le président de la République ratifie les traités (Const., art. 52), un certain nombre de traités (énumérés à l'art. 53) ne peuvent être ratifiés qu'en vertu d'une loi (dite de ratification). La ratification reste cependant ***un acte discrétionnaire*** que l'État n'est pas tenu d'exécuter. C'est ainsi que les États-Unis ont signé le protocole de Kyoto sur les émissions de gaz à effet de serre en 1998 et refusé par la suite de le ratifier. Le dépôt par les États de leur instrument de ratification auprès du dépositaire du traité (ou l'échange des instruments dans les cas de traités bilatéraux) ***conditionne l'entrée en vigueur du traité***. Pour les traités multilatéraux, le traité fixe en général le nombre de ratifications nécessaires à son entrée en vigueur. Les droits internes différencient parfois la ratification de l'acceptation ou de l'approbation, mais l'article 11 de la Convention de Vienne considère ces trois formules comme équivalentes.

b) L'adhésion

Cette ***procédure permet à un État qui n'a pas signé le texte lors de son adoption d'exprimer en une seule fois son engagement***, après qu'un certain temps s'est écoulé depuis l'adoption du texte ou même son entrée en vigueur. Elle a donc la même portée qu'une signature suivie d'une ratification.

Le traité est généralement divisé en trois parties :
- le préambule (contexte, objet et buts du traité...) ;
- le dispositif (le corps du traité, les dispositions applicables classées par articles) ;
- les clauses finales (conditions d'entrée en vigueur, acceptation ou non des réserves, règlement des litiges...) ;
- et éventuellement des annexes.

■ *L'expression par l'État de sa volonté de ne plus être lié*

L'État peut décider de se retirer d'un traité auquel il avait adhéré si le traité prévoit une procédure de retrait qui devra être respectée. Dans le silence du traité, la Convention de Vienne énonce les conditions relatives au retrait aux articles 54 et 56 (v. *infra* sur la fin des traités).

La Turquie a annoncé en mars 2021 son retrait de la Convention d'Istanbul du Conseil de l'Europe sur la prévention et la lutte contre la violence à l'égard des femmes et la violence domestique, (autorisé par l'art. 80 de la Convention).

■ *Les réserves*

a) Définition

Un État peut estimer au cours du processus de conclusion d'un traité, que certaines dispositions du texte ne lui conviennent pas, bien qu'il approuve la plupart du dispositif de l'accord. Il peut alors, soit ne pas devenir partie au traité dans son ensemble, soit faire une ***déclaration unilatérale en vue d'exclure de son engagement ces dispositions***. On dit alors que l'État partie au traité formule **une réserve**, ce qu'il ne peut faire que si le traité le permet. La Convention de Vienne définit la réserve comme une « déclaration unilatérale, quel que soit son libellé ou sa désignation, faite par un État quand il signe, ratifie, accepte ou approuve un traité ou y adhère, par laquelle il vise à exclure ou à modifier l'effet juridique de certaines dispositions du traité dans leur application à cet État ». On doit distinguer les réserves (qui excluent) des déclarations interprétatives qui précisent simplement le sens d'une disposition.

b) Effets des réserves

La faculté de formuler des réserves permet d'étendre la portée d'un traité multilatéral à des États qui n'y auraient pas participé autrement, mais elle risque aussi de porter atteinte à l'intégrité du texte. ***C'est le traité lui-même qui peut autoriser ou interdire les réserves*** *(Conv. Vienne, art. 19)*. En cas de silence du traité, la CIJ (avis consultatif relatif aux réserves à la convention sur la prévention et la répression du crime de génocide, 1951) a fixé comme critère d'admissibilité des réserves leur ***compatibilité avec l'objet et le but du traité***. Lorsqu'un État formule une réserve, tout autre État partie au traité peut y objecter. L'objection n'empêche cependant pas le reste du traité d'entrer en vigueur entre l'objectant et le réservataire, à moins que le premier n'ait nettement exprimé l'intention contraire. Ainsi, entre l'État qui accepte (expressément ou tacitement) la réserve et l'État réservataire, le traité s'applique tel que modifié par la réserve, alors qu'entre l'État réservataire et l'État objectant (refusant la réserve) soit le traité s'applique à l'exception des dispositions sur lesquelles porte la réserve, soit le traité ne s'applique pas du tout entre eux.

■ *L'entrée en vigueur*

Le Droit international ne pose ***pas de conditions formelles uniformes*** pour l'entrée en vigueur des traités. Tout dépend de la volonté des États contractants exprimée dans les clauses finales du texte. L'entrée en vigueur des traités bilatéraux se réalise généralement au moment de l'échange des instruments de ratification. Le plus souvent, pour les traités multilatéraux, l'entrée en vigueur ne se réalisera que lorsqu'un nombre suffisant d'États aura ratifié le traité (le nombre étant fixé par le traité lui-même). Certains traités ne sont jamais entrés en vigueur faute d'un nombre suffisant de ratifications.

Pour aller plus loin

À titre d'exemple, l'Accord de Paris sur le Climat adopté le 12 décembre 2015 et ouvert à la signature le 22 avril 2016, est entré en vigueur « le trentième jour [suivant] la date du dépôt de leurs instruments de ratification, [...] par au moins 55 parties à la Convention qui représentent au total au moins un pourcentage estimé à 55 % du total des émissions mondiales de gaz à effet de serre » (soit le 4 novembre 2016). Il interdit les réserves.

2 La validité des traités

Tout comme un contrat de droit privé, un traité pour produire ses effets juridiques doit satisfaire à un certain nombre de conditions. Ces conditions visent à assurer la régularité du consentement des cocontractants et la licéité de l'objet du traité. À défaut, les dispositions du traité sont frappées de nullité.

Il faut noter que l'article 102 de la Charte des Nations unies prévoit qu'un traité international, non enregistré auprès du secrétariat des Nations unies et non publié ne pourra être invoqué devant un organe de l'organisation. Le but de cette disposition est d'éviter les traités secrets. Le non-respect de cette clause ne constitue pas une cause de nullité du traité, mais simplement une cause d'inopposabilité devant les organes de l'ONU y compris devant la CIJ : un État ne peut pas se prévaloir d'un traité non enregistré devant la CIJ.

■ *Les vices du consentement*

a) L'erreur

L'article 48 de la Convention de Vienne dispose qu'un État peut invoquer une erreur dans un traité comme viciant son consentement à être lié, si l'erreur « porte sur un fait ou une situation que cet État supposait exister au moment où le traité a été conclu et qui constituait une base essentielle de son consentement ». Pour cela, l'État qui l'invoque ne doit pas avoir, par son comportement, contribué à commettre l'erreur. L'erreur de droit n'est donc pas acceptée (*CPJI, 1924, Affaire Mavrommatis ; CIJ, 1962, Temple de Préah-Vihéar*).

Les cas d'erreur sont très rares ; en pratique ils concernent surtout des erreurs de cartes dans des traités de délimitation frontalière.

b) Le dol

Le consentement est alors faussé, l'État ayant cru vrai ce qui ne l'était pas car on l'a trompé. Il doit y avoir volonté d'induire le cocontractant en erreur, avec conduite frauduleuse. La pratique est quasiment inexistante.

c) La contrainte

Elle peut être exercée sur l'État ou sur son représentant. Dans le premier cas, l'article 52 de la Convention de Vienne prévoit qu'est « nul tout traité dont la conclusion a été obtenue par la menace ou l'emploi de la force en violation des principes du Droit international incorporés dans la charte des Nations unies ». Dans le même esprit, « l'expression du consentement d'un État à être lié par un traité qui a été obtenue par la contrainte exercée sur son représentant au moyen d'actes ou de menaces dirigés contre lui est dépourvue de tout effet juridique ».

d) Irrégularité du consentement au regard du droit interne

Ces ratifications imparfaites ne peuvent pas en principe être invoqués par l'État, à moins que la violation de son droit interne n'ait été manifeste, c'est-à-dire objectivement évidente pour tout autre État et qu'elle concerne une règle d'importance fondamentale (la Constitution).

Illicéité de l'objet du traité

L'article 53 de la Convention de Vienne dispose : « est nul tout traité qui, au moment de sa conclusion, est en conflit avec une ***norme impérative de Droit international général.*** Aux fins de la présente convention, une norme impérative du Droit international général est une norme acceptée et reconnue par la communauté des États dans son ensemble en tant que norme à laquelle aucune dérogation n'est permise et qui ne peut être modifiée que par une nouvelle norme de Droit international général ayant le même caractère ».

Ces normes supérieures constituent le ***jus cogens***. La Convention ne définit pas le *jus cogens*, pas plus qu'elle ne précise son contenu ou son mode d'élaboration ou de reconnaissance. Tout au plus précise-t-elle qu'il s'agit d'une norme impérative, c'est-à-dire qu'il est impossible d'y déroger. Ces normes de *jus cogens* semblent destinées à protéger les intérêts qui sont communs à tous les membres de la société internationale. Aucun exemple de norme de *jus cogens* n'est non plus donné par la convention.

Pour aller plus loin

La doctrine et la CIJ retiennent notamment comme normes de *jus cogens* :

- les principes de droit humanitaire posés par les Convention de Genève (v. Chapitre 12) ;
- l'interdiction de l'esclavage ou du génocide (*CIJ, 2006, Activités armées sur le territoire du Congo*) ;
- la prohibition de l'emploi de la force armée ;
- l'interdiction de la torture (*CIJ, 2012, Questions concernant l'interdiction de poursuivre ou d'extrader*).

Voir aussi l'avis de la CIJ de 2010 « *Conformité au droit international de la déclaration unilatérale d'indépendance relative au Kosovo* ».

Effets de la nullité des traités

« Les dispositions d'un traité nul n'ont pas de force juridique » (Conv. Vienne, art. 69), ce qui signifie que ***le traité est considéré comme nul depuis le jour où il a été conclu***, et non depuis le moment de la constatation de sa nullité.

En principe, ***le traité est déclaré nul dans son ensemble, à moins que les dispositions mises en cause puissent être détachées du texte du traité sans remettre en cause l'équilibre***

général du texte. En cas de nullité pour cause de contrainte ou de contradiction avec une norme de *jus cogens*, le traité sera toujours considéré comme nul dans son ensemble.

3 Les effets des traités

■ *Effets des traités à l'égard des parties*

Pierre angulaire de tout le Droit international, la règle « ***Pacta sunt servanda*** » est affirmée par la Convention de Vienne dans son article 26, qui dispose que « ***tout traité en vigueur lie les parties et doit être exécuté par elles de bonne foi*** ».

Cela implique que les parties au traité ont l'obligation de le respecter comme ils s'en sont engagés. Ils respectent la lettre mais aussi l'esprit du traité. L'exécution de bonne foi exige que les cocontractants usent de leurs prérogatives « de manière raisonnable » (*CIJ, 1952, Affaire des ressortissants américains au Maroc*), en s'abstenant de toute mesure contraire aux buts du traité, (*CIJ, 1986, Affaire activités militaires et paramilitaires...*).

À défaut, l'État pourra voir sa responsabilité internationale mise en œuvre (Conv. de Vienne, art. 73).

■ *Effets des traités à l'égard des tiers*

a) Principe

L'article 34 de la Convention de Vienne rappelle la règle coutumière de ***l'effet relatif des traités*** en disposant qu'un « ***traité ne crée ni obligation ni droit pour un État tiers sans son consentement*** », c'est-à-dire sans qu'il soit partie au traité (CIJ, 1969, Plateau Continental de la mer du Nord).

b) Exceptions

Certains traités peuvent créer des obligations ou des droits pour un État tiers, avec son consentement (art. 35 et 36 de la Convention de Vienne).

En l'absence de tout consentement des tiers, certains traités dits « objectifs » peuvent toutefois s'imposer aux tiers. Il en va ainsi notamment des traités établissant des statuts territoriaux (la délimitation d'une frontière entre 2 États s'impose à tous), les statuts de voies de communication internationales ou créant une nouvelle organisation internationale.

Effets des traités à l'égard d'autres normes

a) Vis-à-vis des autres sources du droit

Classiquement, on estime qu'il n'existe pas en droit international de hiérarchie des sources. Le droit international est caractérisé par l'équivalence de ses sources. Le traité, même s'il a souvent la faveur des États, ne bénéficie donc pas d'une position particulière par rapport à la coutume. Un traité peut ainsi écarter l'application d'une norme coutumière, pour les parties audit traité, mais l'inverse est également possible (*CIJ, 1962, avis sur les dépenses des Nations unies*).

b) Vis-à-vis des autres traités

Les problèmes des traités successifs portant sur un même domaine, qu'ils soient compatibles ou pas entre eux se résolvent souvent en introduisant dans le traité une clause qui prévoit et règle la question. Par exemple l'article 103 de la Charte des Nations unies fait prévaloir cette dernière sur tout autre traité incompatible avec elle (si il est compatible le problème ne se pose pas).

Dans le cas contraire on a recours à toute une série de principes. Si les États sont parties aux deux traités, on considère que le traité postérieur prévaut sur le traité antérieur et un traité spécial (particulier, plus restreint) prévaut sur un traité général. Attention un traité restreint postérieur incompatible avec un traité antérieur n'est pas licite. Si les traités successifs sont conclus entre des communautés conventionnelles partiellement différentes, le principe de l'effet relatif des traités suppose que les États n'appliquent dans leurs rapports réciproques que le traité qu'ils ont tous deux signé.

Ainsi si les États A, B et C ont conclu le traité 1 et les États C et D ont conclu le traité 2, dans leurs rapports réciproques ils appliquent les traités comme suit :

	État A	**État B**	**État C**	**État D**
État A		Traité 1	Traité 1	
État B	Traité 1		Traité 1	
État C	Traité 1	Traité 1		Traité 2
État D			Traité 2	

Interprétation des traités

La détermination des effets des traités n'est pas toujours aisée, certains articles peuvent être ambigus et nécessiter une interprétation pour en dégager le sens précis. Cette ***interprétation incombe le plus généralement au juge international lorsqu'il est saisi d'un litige***. Il est alors guidé par l'article 31 de la Convention de Vienne qui dispose qu'« Un traité doit être interprété de bonne foi suivant le sens ordinaire à attribuer aux termes du traité dans leur contexte et à la lumière de son objet et de son but ».

Des moyens d'interprétation complémentaires peuvent être mis en œuvre : recours aux travaux préparatoires de l'accord, à la pratique suivie depuis l'accord ou aux circonstances dans lesquelles le traité a été conclu. L'utilisation de ces différents moyens doit permettre de parvenir à une solution qui réponde avant tout à l'idée de bon sens.

4 Terminaison des traités

Modification des traités

a) Par un accord ultérieur

On peut parler indifféremment de modification, d'amendement ou de révision pour désigner ce phénomène. Selon la Convention de Vienne, un traité peut être amendé par accord entre les parties ; un second traité peut ainsi modifier le traité initial pour l'adapter à une nouvelle situation. En règle générale, chaque traité prévoit, dans ses clauses finales, les conditions de sa révision qui correspondent souvent aux conditions d'adoption du traité lui-même.

b) Par une pratique ultérieure

Malgré le silence de la Convention de Vienne, le Droit international admet que les effets d'un traité puissent être modifiés par la pratique suivie depuis sa conclusion, ou par une coutume. Ainsi, dans l'*affaire de la Namibie*, en 1971, la CIJ, a reconnu que l'abstention d'un membre permanent ne faisait pas obstacle à l'adoption d'une résolution par le Conseil de Sécurité, contrairement à ce que prévoyait l'article 27, § 3 de la charte des Nations unies.

Extinction des traités

Certains ***traités sont conclus pour une période de temps définie à l'avance et s'éteignent quand arrive ce terme*** (date fixée dans le traité ou bien exécution de l'obligation qui constituait la raison d'être de l'accord). ***Dans d'autres cas, c'est la survenance d'un événement extérieur***

qui va entraîner son extinction : apparition d'une nouvelle norme de *jus cogens* avec laquelle le traité n'est pas compatible, conclusion d'un nouveau traité par les parties, exécution impossible du traité (ex. : la construction d'un barrage sur un fleuve qui s'est asséché). En dehors de ces hypothèses, la ***dénonciation unilatérale d'un traité par une partie est illicite***, sauf notamment si le traité la prévoit, ou accord de toutes les parties (Conv. Vienne, art. 54 et 56). Il existe cependant deux exceptions.

a) L'exception d'inexécution

La violation substantielle des dispositions d'un traité par l'une des parties peut permettre aux autres parties de mettre fin au traité (Conv. Vienne, art. 60). Cependant, cette exception ne joue pas pour les traités humanitaires.

b) Le changement fondamental de circonstances

L'article 62 de la Convention de Vienne permet d'invoquer le changement fondamental de circonstances pour se délier d'un accord (clause *rebus sic stantibus*). Si les circonstances qui constituaient « une base essentielle du consentement à être lié » sont modifiées au point de « transformer radicalement la portée des obligations qui restent à exécuter », une partie peut invoquer cette raison comme condition d'extinction du traité. L'examen de ce changement de circonstances est opéré de manière extrêmement sévère par la jurisprudence qui ne l'a jamais admis jusqu'à présent (*CIJ, 1997, Affaire projet Gabcikovo – Nagymaros.*).

Chapitre 2

La coutume

La coutume internationale, constituée de la réunion de deux éléments est une règle opposable à tous les États qui ne se sont pas formellement opposés à sa création. Elle n'a pas disparu malgré la généralisation du traité.

L'article 38 du statut de la CIJ présente la coutume internationale comme une source du Droit international, juste après le traité, en la définissant comme « la preuve d'une pratique générale acceptée comme étant le droit ».

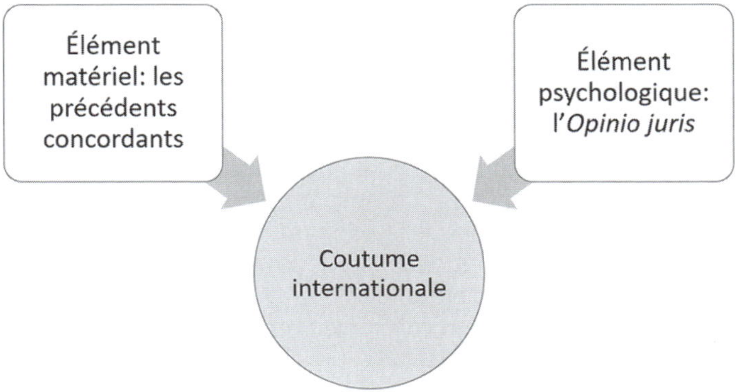

1 Les éléments constitutifs de la coutume

La coutume est **une règle non écrite**, et pour que son existence soit consacrée, elle doit réunir deux éléments, l'un matériel, l'autre psychologique.

■ *L'élément matériel*

Cet élément se matérialise par l'existence d'une pratique générale, c'est-à-dire ***la répétition dans le temps*** d'actes, de faits, de déclarations ou d'agissements, positifs ou négatifs émanant de sujets de droit international : ce sont les précédents.

a) Les « précédents »

Pour permettre de fonder une coutume ils doivent constituer ***une pratique à la fois constante et uniforme***. Ils doivent se répéter dans le temps, mais c'est aussi bien la durée durant laquelle ils se répètent que leur fréquence qui va importer. L'élément matériel de la coutume peut être constitué dans un temps relativement bref. C'est notamment le cas lorsque ces précédents sont issus de résolutions d'organisations internationales. L'adoption de plusieurs résolutions sur une même question dans un temps limité peut ainsi constituer un précédent susceptible de donner naissance à un processus coutumier (*CIJ, 1971, Avis conséquences juridiques pour les États de la présence continue de l'Afrique du Sud en Namibie*).

b) La répétition des précédents dans l'espace

Pour devenir une coutume universelle, une règle doit être reconnue ***par la majorité représentative des États***. La pratique constante n'a donc pas à émaner de la totalité des États : la CIJ a précisé que pour qu'une règle conventionnelle soit considérée comme coutumière, « il se peut qu'une participation très large et représentative à la convention suffise, à condition toutefois qu'elle comprenne les États particulièrement intéressés » (*CIJ, 1969, Plateau continental de la mer du Nord*). Cette communauté des États particulièrement intéressés est forcément variable, en fonction de l'objet de la règle en cause et du champ d'application spatial de la coutume à établir, puisqu'il existe des coutumes purement régionales (*CIJ, 1950, Haya de la Torre*), voire locales (*CIJ, 1960, Droit de passage sur le territoire indien*).

■ *L'élément psychologique*

Il ne suffit pas, pour que le droit reconnaisse une coutume, de prouver qu'il existe une pratique constante et uniforme : encore faut-il apporter la preuve qu'en agissant comme ils l'ont fait, les sujets de Droit international avaient la « ***conviction que cette pratique est rendue obligatoire par l'existence d'une règle de droit*** » (*CIJ, 1969, Plateau continental de la mer du Nord ; CPJI, 1927, Affaire du Lotus*). C'est cette conviction que traduit la formule ***opinio juris sive necessitatis***. Cet élément permet de différencier la coutume de l'usage et de la courtoisie. Il existe en effet dans la vie internationale une multitude d'usages, de pratiques, qui sont suivis par la majorité des États mais ne constituent pas des règles coutumières car il leur manque cet élément de reconnaissance de leur caractère obligatoire. Il s'agit alors de règles de courtoisie destinées le plus souvent à conserver leur caractère amical aux relations internationales, que les États appliquent de leur plein gré, mais par lesquelles ils ne s'estiment nullement liés (on peut citer à titre d'exemple l'habitude des États de se faire représenter aux funérailles des chefs d'État étrangers). Dans le cas d'une coutume, au contraire, l'attitude du sujet de droit doit être « motivée par la conscience d'un devoir » (*CPJI, 1927, Lotus*). « Les États intéressés doivent ***avoir le sentiment de se conformer à ce qui équivaut à une obligation juridique*** » (*CIJ, 1969, Plateau continental de la mer du Nord*).

2 L'opposabilité des normes coutumières

Lorsqu'une norme est consacrée en tant que règle coutumière – qui rappelons-le est **non-écrite** – elle se voit reconnaître une portée juridique très étendue. ***Une coutume est en effet plus contraignante qu'un traité*** dont les effets se limitent aux parties contractantes et qui est susceptible de faire l'objet de réserves. Il convient donc de déterminer, une fois que son existence est établie, à quel sujet de Droit international une coutume est opposable.

■ *Portée de la coutume*

Pour être lié par une coutume, il n'est pas nécessaire que l'État ait directement participé à sa formation ou l'ait acceptée expressément. La règle coutumière, quand la preuve de l'existence de ses éléments matériel et psychologique a été apportée bénéficie en effet d'une présomption d'acceptation unanime. ***Tous les États, à moins qu'ils n'en aient expressément manifesté la volonté contraire, sont donc liés par une règle coutumière générale, qu'ils aient ou non contribué à sa formation***.

La question de l'opposabilité de la coutume s'est posée pour les États nouveaux, principalement issus de la décolonisation, auxquels se sont imposées des règles coutumières de formation antérieure à leur création. Le principe est alors que ces règles s'imposent à eux, à charge pour ces États d'essayer de les modifier, en prenant l'initiative de lancer un nouveau processus coutumier, comme cela s'est réalisé en droit de la mer.

■ Rejet d'une coutume

Un État peut rejeter expressément une coutume alors qu'elle n'est qu'en phase de construction ; il n'est alors pas lié par les règles qu'elle établit. En effet, lorsqu'il constate qu'une règle qu'il n'approuve pas est en passe de revêtir les caractères d'une coutume, un État a toujours la possibilité de s'y déclarer opposé. Il ***doit alors manifester de façon claire et constante son opposition***. Ainsi, dans l'*affaire des pêcheries anglo-norvégiennes*, en 1951, la CIJ a déclaré que cette « règle [...] apparaît inopposable à la Norvège, celle-ci s'étant toujours élevée contre toute tentative de l'appliquer à la côte norvégienne ». Ces déclarations étatiques revêtent donc une importance considérable, puisque le silence vaut acceptation. Il n'est en revanche pas possible de s'opposer à une coutume établie.

Devant les difficultés que représente la mise en œuvre de ce droit non écrit, le souci de sécurité juridique pousse la communauté internationale à codifier ces règles coutumières.

3 Le processus de codification

■ Fonction

L'article 13 de la Charte des Nations unies confie à l'Assemblée générale la mission « d'encourager le développement progressif du Droit international et sa codification ». Cette dernière est définie à l'article 15 comme « la formulation plus précise et la systématisation des règles du Droit international dans les domaines où existent déjà une pratique étatique conséquente, des précédents et des opinions doctrinales ». ***La codification est donc un processus de conversion des règles coutumières en un corps de règles écrites***, alors que le développement progressif viserait plus des sujets pour lesquels il n'existe pas encore de coutume.

Pour mener à bien cette mission, l'Assemblée générale a créé la Commission du Droit international (CDI), organe subsidiaire composé de 34 juristes indépendants choisis pour représenter les différents systèmes juridiques du monde. Leur travail a permis l'adoption de plusieurs conventions, dont les conventions de Vienne sur le droit des traités. Entre 2012 et 2016, la commission a notamment réfléchi sur l'identification du droit international coutumier.

Ce processus de codification répond a priori à un objectif de sécurité juridique. Il vise à réunir en un seul texte des règles coutumières non-écrites, souvent dispersées et dont l'existence est parfois difficile à prouver. On s'aperçoit cependant que ce processus ne se contente pas de fixer dans un texte écrit l'état du droit sur une question, il s'accompagne souvent ou entraîne un mouvement de développement progressif du Droit international, qui va aboutir à affirmer de nouvelles règles. Ainsi, la IIIe Conférence des Nations unies sur le droit de la mer, si elle a effectivement permis de codifier par exemple les règles relatives à la mer territoriale, a fait acte de développement du droit en consacrant l'existence de la Zone Économique Exclusive. De même pour la Convention de Vienne de 1969 et le concept de *Jus Cogens*.

■ *Portée*

La ***codification permet de transformer une règle coutumière en règle conventionnelle entre les États qui deviendront parties au traité de codification***. Cependant, ***elle n'élimine pas la coutume***. Il n'y a pas de phénomène de substitution, d'absorption, entre le traité et la coutume. La règle conserve sa valeur coutumière, sa codification ne fait qu'ajouter à sa portée en lui donnant valeur conventionnelle entre certains États, mais elle n'affecte en rien sa portée obligatoire en tant que règle coutumière pour les autres. Cela signifie que les obligations de nature coutumières demeurent pour les États qui ne ratifient pas ou n'adhèrent pas au traité codificateur. Le traité et la coutume entretiennent donc des rapports de complémentarité. Ainsi, même si la France n'a pas ratifié la Convention de Vienne de 1969, la plupart de ses dispositions ont toujours valeur coutumière et s'imposent à ce pays. Même chose pour les États qui n'ont pas ratifié la Convention des Nations unies sur le droit de la mer (v. Chapitre 14).

Chapitre 3

Les principes généraux du droit

De contenu variable selon qu'on les qualifie de principes de *droit ou de principes* du *Droit international, les principes généraux constituent une source de droit fréquemment invoquée par le juge international.*

Les règles qualifiées de principes sont relativement courantes dans la jurisprudence internationale, sans que la définition de ce terme ne soit donnée de façon claire. Lorsqu'on y fait référence, ces principes semblent destinés à encadrer l'ensemble du Droit international, à constituer l'ossature du Droit international public. L'analyse montre que cette expression est en fait employée dans deux acceptions différentes. Les principes généraux « de » droit, tels qu'ils sont visés à l'article 38 du statut de la CIJ, ne correspondent pas à ce que la doctrine considère comme les principes généraux « du » Droit international.

1 Les principes généraux de droit visés par l'article 38 du statut de la CIJ

■ *Origine*

Le juge international, surtout au moment où a été rédigé l'article 38 du statut de la Cour Permanente de Justice Internationale (1920 – repris par le statut de la CIJ en 1945), pouvait être confronté à une situation dans laquelle, saisi par des États pour trancher leur différend, il devait se déclarer incapable de juger au motif qu'il n'existait pas de règle de Droit international applicable au cas d'espèce (situation de « non liquet »). Pour éviter que cela ne se produise, les rédacteurs du statut de la Cour ont prévu qu'ils pourraient avoir recours aux « principes généraux de droit reconnus par les nations civilisées ». Ces principes, le juge doit les chercher dans les règles communes aux droits internes des principaux systèmes juridiques mondiaux. Il ne doit pas forcément s'agir de règles communes à tous les États, mais elles doivent se retrouver, du moins dans l'esprit, dans la plupart d'entre eux. L'épithète « civilisées », appliquée aux nations censées reconnaître ces principes est obsolète.

Ces ***principes sont donc dégagés à partir d'actes ayant une signification purement interne, mais qui sont transposables dans l'ordre international***. On cherchera à trouver l'esprit commun à différentes règles nationales, sans s'attacher aux détails, pour les appliquer par analogie aux affaires internationales que le juge doit résoudre.

■ Contenu

Le juge a eu fréquemment recours à ces principes pour ***dégager des règles procédurales nécessaires à la bonne administration de la justice internationale***. On peut citer, ***par exemple, le principe selon lequel nul ne peut être juge et partie,*** ou bien celui de l'autorité de la chose jugée. Aujourd'hui, c'est également à partir des droits internes que se construit le droit des organisations internationales. Des notions fondamentales du Droit international public ont aussi été dégagées à partir de ces principes, comme le principe de bonne foi.

La Cour de justice de l'Union européenne a fréquemment recours à de tels principes. Cela s'explique sans doute par sa plus grande facilité à trouver des principes communs aux ordres internes dans un cadre régional plutôt que mondial. Une grande partie du droit européen garantissant le respect des droits des individus y trouve ainsi son origine.

La valeur de ces principes est évolutive. Ils sont en effet initialement révélés par la jurisprudence internationale, mais ils se transforment rapidement en règle coutumière ou même conventionnelle lorsqu'ils sont réceptionnés par le Droit international.

2 Les principes généraux du Droit international

■ Contenu de la notion

Le seul point commun des règles ainsi qualifiées de principes est leur extrême généralité et leur haut degré d'abstraction. À la différence des précédents, ces principes généraux *du* Droit international ne sont pas issus du droit interne mais directement du Droit international.

Bien que le juge international y ait fréquemment recours pour trancher des différends, la définition de ces principes est délicate. On constate en effet que ce concept est utilisé dans des circonstances très diverses et qu'il est difficile d'en définir le contenu. De plus, les normes que la doctrine va reconnaître comme étant des principes généraux du droit ne sont pas forcément mentionnées en ces termes par le juge international qui utilise parfois un vocabulaire différent, les qualifiant par exemple de « concept fondamental ».

Dans leur majorité ces principes sont des règles que le juge international extrait de l'observation des autres sources du Droit international : les coutumes et les conventions. Ces principes apparaissent comme des ***axiomes fondamentaux du Droit international***. Il en est ainsi notamment du « concept juridique fondamental de la souveraineté des États », des « principes généraux de base du droit humanitaire » (*CIJ, 1986, Activités militaires et paramilitaires au Nicaragua*) ou du principe « *Pacta sunt servanda* ». Certains de ces principes pourraient être qualifiés de normes de *jus Cogens*.

■ *Fonction*

Issus d'autres instruments normatifs, l'intérêt de ces principes tient à ce que le juge qui les invoque considère qu'ils ont une vie propre. Il n'a pas besoin d'apprécier leur validité juridique, comme il le ferait pour une coutume, ou de vérifier qu'un État est tenu conventionnellement par cette norme. De même, la violation répétée d'un principe ne porte pas atteinte à son existence, comme en témoigne l'invocation répétée du principe d'interdiction du recours à la force.

Cette notion de principe est également utilisée par les États, qui s'en servent pour faire valoir des règles qui n'ont pas encore été incorporées dans d'autres instruments juridiques obligatoires, qui sont en voie de formation. C'était le cas pour le principe du droit des peuples à disposer d'eux-mêmes ou des principes du droit international touchant les relations amicales et la coopération entre États.

Chapitre 4

Les actes unilatéraux

Bien que portant a priori atteinte au consensualisme qui caractérise la formation du Droit international, les actes unilatéraux peuvent donner naissance à de véritables règles juridiques internationales.

Les embûches que présente la formation du Droit international par la voie consensuelle, aggravées par la multiplication du nombre des acteurs sur la scène internationale expliquent que ***les actes unilatéraux***, qui ***visent avant tout la promotion des intérêts particuliers de leur auteur***, occupent une place si importante aujourd'hui. ***Adoptés par un seul sujet de droit*** (ou parfois par plusieurs, par exemple à l'issue d'une conférence de chefs d'État), ***et imputables à leur seul auteur, ces actes, qu'ils émanent des États ou des organisations internationales créent des droits et des obligations au plan international***. Aussi, bien que non mentionnés à l'article 38 du statut de la CIJ, ils sont présentés parmi les modes de formation du Droit international.

1 Les actes unilatéraux étatiques

Il s'agit des ***actes par lesquels l'État exprime unilatéralement sa volonté ou manifeste son opinion***. Certains de ces actes ***peuvent avoir une portée juridique sur la scène internationale, qu'ils lient les États qui les adoptent ou qu'ils soient opposables à des tiers***. On distingue traditionnellement les actes que les États adoptent de façon autonome de ceux dont l'adoption est conditionnée par des engagements conventionnels ou des normes coutumières.

■ *Les actes autonomes*

On retrouve sous ce vocable l'ensemble des ***actes tournés vers l'extérieur que l'État prend de son propre chef***.

a) Les réactions de l'État à l'opposabilité d'une situation juridique

L'adoption de tels actes peut être motivée par la volonté de l'État de manifester sa réaction vis-à-vis de situations juridiques que l'on prétend lui opposer. Les plus courants sont sans doute la reconnaissance, acte ou comportement par lequel un État reconnaît la validité d'une situation nouvelle et considère qu'elle lui est désormais opposable (reconnaissance d'États nouveaux notamment), et la protestation, qui produit l'effet inverse.

Ces ***actes sont adoptés de façon discrétionnaire***, selon des procédures internes, ***et leur validité ne dépend pas d'une quelconque compatibilité avec une norme internationale***.

b) Les promesses unilatérales

Ces promesses par lesquelles l'État s'engage à adopter tel ou tel comportement, sont également des ***actes unilatéraux autonomes***.

Ainsi, la CIJ a admis, dans l'affaire des essais nucléaires opposant la France à l'Australie en 1974, à propos du moratoire annoncé par la France, que de tels actes pouvaient « avoir pour effet de créer des obligations juridiques ». En effet, « quand l'auteur de la déclaration entend être lié conformément à ses termes, cette intention confère à sa prise de position le caractère d'un engagement juridique, l'État intéressé étant désormais tenu en droit de suivre une ligne de conduite conforme à sa déclaration ».

En l'absence de toute intervention d'un autre sujet, que ce soit pour accepter ou au contraire contester la promesse, un État peut donc unilatéralement s'engager au niveau international. Bien sûr, cette promesse doit émaner d'une personne susceptible d'engager l'État.

Lorsqu'il s'impose de telles obligations, l'État ne peut pas unilatéralement revenir sur sa promesse sans engager sa responsabilité internationale, puisqu'il a créé des droits au profit des tiers. La Cour a cependant précisé, toujours dans l'affaire des essais nucléaires, que « lorsque les États font des déclarations qui limitent leur liberté d'action future, une interprétation restrictive s'impose ».

■ *Les actes conditionnés par des normes internationales*

Cette catégorie regroupe les ***actes internes adoptés par l'État dans l'exercice des compétences que lui attribue le Droit international***. Ces actes dérivent donc de règles conventionnelles ou coutumières. Ils regroupent par exemple l'adhésion à un traité, le retrait, mais aussi tous les actes qui sont pris en vue de mettre en œuvre une règle internationale. Il en est ainsi de l'octroi de la nationalité (v. *infra*).

Contrairement à la catégorie précédente, l'opposabilité de tels actes aux tiers va dépendre de leur validité au regard du Droit international. Ainsi, s'il est admis qu'un État détermine de façon discrétionnaire les conditions d'octroi de sa nationalité, cette nationalité ne pourra pas être opposable à un État tiers si ses conditions d'attribution ne sont pas conformes aux règles internationales coutumières sur la question (*CIJ, 1955, Nottebohm*). De la même manière, l'acte interne par lequel un État fixe la largeur de sa mer territoriale ne sera pas opposable aux tiers si cette largeur excède 12 milles (*CIJ, 1951, Affaire des pêcheries norvégiennes*). Ce n'est donc pas la validité interne de l'acte unilatéral qui est mise en cause mais son opposabilité internationale.

Enfin, il faut ici mentionner une dernière catégorie d'actes unilatéraux étatiques, ceux par lesquels un État tente d'imposer des obligations à des tiers contre leur volonté. En dehors des cas très spécifiques où l'État agit pour le compte de la communauté internationale en étant dûment mandaté, on entre ici dans des domaines plus politiques que juridiques, où la puissance des États pèse d'avantage que la règle de droit.

2 Les actes unilatéraux des organisations internationales

Les actes émanant des organes collégiaux des organisations internationales font l'objet d'une terminologie très variée : ***on parle de résolutions, de recommandations, de décisions, de directives, de règlements...*** C'est le traité constitutif de chaque institution qui liste les organes habilités à adopter tel ou tel acte, selon des procédures et avec des effets juridiques prédéfinis. Or, il règne en ce domaine une grande confusion dans l'utilisation des mots, un même terme pouvant désigner des actes de nature très différente d'une organisation à l'autre. Cette imprécision est telle que la CIJ apprécie elle-même le contenu des actes pour en évaluer la portée, considérant que la dénomination retenue par l'organe dont émane l'acte n'est pas une indication décisive quant à sa nature (*CIJ, 1971, Avis Conséquences juridiques pour les États de la présence continue de l'Affaire du Sud en Namibie*). La ***doctrine qualifie de manière générale l'ensemble des actes unilatéraux des organisations internationales de résolutions, ce terme générique regroupant des décisions à portée obligatoire, et des recommandations, non obligatoires***.

■ *Les décisions*

Les ***décisions sont des actes unilatéraux émanant des organisations internationales en tant que sujets de droit, qui créent des obligations à la charge de leur(s) destinataire(s)***. Ils peuvent être adoptés par l'organisation en vue de produire des effets internes ou externes.

a) Un pouvoir réglementaire interne

Il s'agit d'actes que l'organisation adopte unilatéralement mais qui ne créent d'obligation que vis-à-vis d'elle-même et/ou de ses États membres.

Ces décisions, que l'on qualifie d'***actes « autonormateurs »***, sont liées au fonctionnement interne de l'institution. Elles peuvent avoir trait par exemple à l'adoption de son budget ou à la création d'organes subsidiaires (v. Chapitre 8). Ces décisions sont obligatoires pour l'ensemble des organes de l'organisation et elles s'imposent aux États membres.

b) Un pouvoir réglementaire externe

Certains organes peuvent adopter des décisions qui s'imposent à leurs membres, qu'ils les aient ou non approuvées. L'adoption de tels actes, que les États considèrent comme portant atteinte à leur souveraineté est strictement réglementée et réservée à des domaines très précis :

- il s'agit d'abord des ***décisions adoptées par le Conseil de sécurité de l'ONU*** pour mettre en œuvre les compétences que lui confère le ***chapitre VII*** de la Charte relatif au maintien de la paix (v. Chapitre 13). Ces décisions s'imposent aux États membres de l'Organisation, en vertu de l'article 25 de la Charte ;
- ***certaines organisations se sont vues reconnaître un véritable pouvoir réglementaire dans des domaines très techniques***, afin d'uniformiser des réglementations internationales. C'est le cas des institutions spécialisées du système des Nations unies, telles que l'Organisation mondiale de la santé ou l'Organisation de l'aviation civile internationale, qui peuvent prendre des règlements directement obligatoires pour leurs membres (l'OACI peut ainsi désigner des routes aériennes obligatoires). Ce pouvoir est alors fondé sur une acceptation tacite des États, qui conservent cependant, dans la majorité des cas, la faculté de ne pas appliquer les standards internationaux ainsi établis dans des conditions bien définies ;
- enfin, ce ***pouvoir réglementaire externe est largement reconnu aux organisations internationales d'intégration***, au premier rang desquelles l'Union européenne. Les directives, règlements ou décisions adoptées par ses institutions sont en effet directement opposables aux États et ont une autorité supérieure aux règles internes.

Hormis ce dernier cas assez particulier, le problème du contrôle du respect de ces décisions demeure. Les pouvoirs que leur confère leur traité constitutif ne permettent généralement pas à ces organisations internationales de veiller à l'application de leurs décisions. Leur portée obligatoire demeure donc soumise au bon vouloir des États.

■ *Les recommandations*

La grande majorité des actes adoptés par des organisations internationales de coopération sont des recommandations, c'est-à-dire des ***actes qui invitent leur(s) destinataire(s) à suivre un comportement mais qui ne sont pas juridiquement obligatoires***. ***Il s'agit alors de propositions, d'exhortations, auxquelles les États sont libres de se plier ou pas***. C'est le cas par exemple des résolutions de Conseil de Sécurité prises dans le cadre du chapitre VI de la Charte.

Si ces actes ***n'ont pas de portée obligatoire***, leur adoption ne peut pas être cependant sans conséquence sur les États qui ont accepté de faire partie de l'organisation. En vertu du principe de ***bonne foi***, les États membres ont l'obligation d'examiner la recommandation et, s'ils n'en approuvent pas le contenu, d'en faire connaître les motifs. De plus, la recommandation permet à l'État qui l'exécute de fonder juridiquement son comportement. Elle a donc une valeur permissive puisque la responsabilité internationale de l'État qui s'y conforme ne peut pas être mise en cause par les autres membres de l'organisation.

Enfin, ***certaines recommandations peuvent devenir obligatoires si elles ont été spécialement acceptées par avance par leurs destinataires***.

D'un point de vue purement formel, ces recommandations n'ont donc pas, en principe, valeur obligatoire. On leur reconnaît en revanche une grande portée politique et morale. Ainsi, une résolution de l'Assemblée générale des Nations unies, adoptée par une très grande majorité d'États, peut constituer un moyen de pression très efficace sur un État, ceci d'autant plus que l'affaire en cause est médiatisée. Ces recommandations peuvent aussi jouer un rôle dans la formation d'une coutume.

Chapitre 5

Les moyens de détermination des règles de droit

Si elles ne constituent pas en elles-mêmes des sources du Droit international, la jurisprudence, la doctrine et l'équité influencent sa formation.

Il ne s'agit pas ici de sources du Droit international en ce sens que la jurisprudence, la doctrine et l'équité n'ont pas pour fonction de créer des règles de droit mais plutôt d'aider à les déterminer. Ainsi, quand l'article 38 du statut de la CIJ dispose que la Cour « applique [...] d) les décisions judiciaires et la doctrine des publicistes les plus qualifiés des différentes nations », il les qualifie de « moyens auxiliaires de détermination des règles de droit ». L'étude de la pratique internationale montre que le recours à l'équité répond aux mêmes objectifs.

1 La jurisprudence

Telle que visée à l'article 38 du statut, la jurisprudence était entendue comme composée exclusivement des arrêts de la CIJ. En fait, la ***jurisprudence internationale recouvre l'ensemble des décisions adoptées aussi bien par des juridictions que par des tribunaux arbitraux***. On peut citer la jurisprudence du Tribunal international du droit de la mer. L'étude de ces décisions qui représentent des précédents revêtus de l'autorité relative de la chose jugée, va pouvoir constituer un moyen complémentaire d'identification des règles de droit. La jurisprudence a donc une influence certaine sur l'interprétation du droit, et par là même sur son évolution.

L'activité du juge international peut ainsi permettre de préciser le statut de règles aux contours incertains, en consacrant par exemple l'existence d'une coutume internationale. La jurisprudence internationale a ainsi, dans de nombreux domaines, permis de développer le Droit international.

2 La doctrine

Bien que cela puisse peiner l'universitaire, la mention qui est faite du rôle de la doctrine dans l'article 38 du statut de la Cour est historiquement datée et ne correspond plus que très partiellement à la réalité.

Le recours à l'opinion des publicistes les plus qualifiés pouvait encore fréquemment servir de moyen de détermination de la règle de droit lorsque le Droit international n'en était qu'à ses balbutiements. Aujourd'hui, il est évident que les volontés souveraines des États ont pris le pas sur les opinions librement exprimées par des individus ou des sociétés savantes. Il faut pourtant noter le rôle important joué par la doctrine dans le développement du droit de la mer, par exemple par l'identification de la notion de ZEE.

La doctrine joue peut-être encore un rôle d'une certaine importance de façon indirecte, par les conseils qu'elle peut donner aux États pour formuler leur politique juridique. C'est certainement dans ce domaine, avec les rapports étroits qu'entretiennent parfois certains juges avec les membres les plus éminents de la « doctrine internationale », que son rôle est le plus actif.

3 L'équité

L'équité correspond à l'idée de justice inhérente à toute règle de droit, qui doit animer le juge international et le guider pour appliquer le droit. Elle ***permet au juge d'adapter la règle de droit pour l'appliquer à un cas d'espèce, dans un souci de justice***. C'est une simple technique d'interprétation. À ce titre, certains traités prévoient expressément que les normes qu'ils fixent devront être mises en œuvre de manière à parvenir à des résultats justes ou équitables.

C'est essentiellement en matière de délimitation maritime que le juge a eu recours aux « principes équitables » pour régler des litiges, peut-être parce que c'est là un domaine dans lequel il est particulièrement difficile de fixer des règles générales et abstraites qui permettent d'appréhender tous les cas d'espèce (*CIJ, 1969, Plateau continental de la mer du Nord*).

L'utilisation de l'équité, par la jurisprudence, est fréquemment critiquée en raison de l'insécurité juridique qu'elle entraîne : les parties en conflit avancent qu'elles ne peuvent pas connaître les principes équitables que le juge retiendra pour moduler l'application d'une règle de droit. Néanmoins, le juge statue en droit en modulant une norme sur laquelle il se fonde. Ce qui distingue l'équité du jugement *ex aequo et bono*. En effet, dans ce dernier cas, l'insécurité liée à la liberté d'appréciation laissée au juge, est beaucoup plus forte lorsque le juge statue *ex aequo et bono*. Cette formule, qui est celle retenue dans l'article 38 paragraphe 2 du statut de la CIJ, implique que le juge rende son jugement en équité et non plus en ayant recours à l'équité pour moduler l'application de la règle de droit qu'il applique principalement. Quand les parties à un différend incluent dans le compromis par lequel elles saisissent le juge international ou l'arbitre une telle clause de jugement en équité, celui-ci pourra, dans l'absolu, prononcer son jugement en se fondant uniquement sur l'idée qu'il se fait de la justice dans l'affaire qu'il a à trancher. Mais ce pouvoir exorbitant dépend cependant toujours d'une habilitation expresse des parties.

Chapitre 6

Droit international et droit interne

L'existence d'un ordre juridique international pose la question de sa coexistence avec les ordres juridiques internes.

1 La coexistence des deux ordres juridiques

La doctrine a élaboré deux théories sur la question. Le dualisme prône la dualité des deux ordres juridiques, leur indépendance. La conséquence est que pour produire des effets internes (vis-à-vis des particuliers), ***le traité doit faire l'objet d'une réception, c'est-à-dire qu'une loi doit transposer les dispositions du traité dans le droit interne***. Le monisme quant à lui prône l'unicité entre les deux ordres juridiques, en conséquence le traité et son contenu seront intégrés au droit interne après ***une simple ratification***. Dans ce dernier cas, la primauté peut revenir soit au droit international (qui primera alors le droit interne) soit au droit interne selon les États. La Constitution de 1958 a choisi l'option moniste.

2 La place des normes internationales dans le droit français

L'article 55 de la Constitution prévoit que « les traités ou accords régulièrement ratifiés ou approuvés ont, dès leur publication, une autorité supérieure à celle des lois, sous réserve, pour chaque accord ou traité de son application par l'autre partie ». L'interprétation de cette disposition n'a pas toujours été sans poser de problème et finalement, le Conseil constitutionnel, par une décision *IVG* du 15 janvier 1975, a estimé que ***les traités ne font pas partie du bloc de constitutionnalité : la norme internationale ne prime pas la Constitution*** (*Cons. const., 10 juin 2004, Économie numérique et 29 juillet 2004, protection des données personnelles – CE, 30 oct. 1998, Sarran, Levacher et autres – Cass. civ., 2 juin 2000, Pauline Fraisse – CE, ass., 8 févr. 2007, Sté Arcelor...*). Puis la Cour de cassation a, dans un arrêt du 24 mai 1975, *Société des cafés Jacques Vabre,* ***fait prévaloir le traité sur la loi nationale même postérieure***. Il a fallu attendre l'arrêt *Nicolo* du 20 octobre 1989 pour que le Conseil d'État s'aligne sur cette position. En pratique, le juge national devra écarter la norme de droit interne non conforme au droit international.

Attention, les traités internationaux régulièrement ratifiés ne sont pas forcément reconnus d'applicabilité directe par le juge, c'est-à-dire qu'ils ne vont ***pas tous créer directement des droits et obligations pour les particuliers.***

Certains traités, en effet, comportent des obligations qui ne sont destinées qu'aux États (traité de coopération militaire par ex. : un particulier ne pourrait pas en demander l'application devant un tribunal national).

Ne peuvent également ***être directement applicables, que les dispositions des traités qui sont suffisamment précises et inconditionnelles*** : elles n'ont pas besoin d'être précisées par une règle de droit interne. Par exemple CE, ***17 juin 2019,*** FNATH, les dispositions de l'article 25 de la convention relative aux droits des personnes handicapées [...] « requièrent l'intervention d'actes complémentaires pour produire des effets à l'égard des particuliers et sont, par suite, dépourvues d'effet direct ». C'est ainsi que pour la même Convention d'Aarhus de 1998 sur l'information, la participation du public et l'accès à la justice en matière d'environnement, le Conseil d'État énonce que les dispositions de son article 8 selon lesquelles « Chaque Partie s'emploie à promouvoir une participation effective du public à un stade approprié... » créent seulement des obligations entre les États parties à la convention et ne produisent pas d'effets directs dans l'ordre juridique interne (*CE, 16 nov. 2011, Sté ciel et terre*) alors que l'article 6 § 2 du même traité qui prévoit que « le public concerné est informé comme il convient, de manière efficace et en temps voulu... » est d'effet direct (*CE, 6 juin 2007, Commune de Groslay*).

En 2018, plusieurs conseils des prud'hommes ont écarté l'application du nouveau barème d'indemnisation en cas de licenciement sans cause réelle et sérieuse mis en place par les ordonnances « Macron ». Ces juges ont considéré que cette disposition était contraire à l'article 10 de la Convention n° 158 de l'Organisation Internationale du Travail (OIT) et que cet article serait d'applicabilité directe. La Cour de cassation, dans un avis du 17 juillet 2019, a réfuté le premier point mais pas le second. Plus récemment, la Cour de cassation a confirmé le 11 mai 2022 la validité du barème d'indemnisation alors que le Comité européen des droits sociaux a considéré au contraire que ce barème violait l'article 10 de la Convention n° 158 de l'OIT.

À noter que la Convention européenne des droits de l'Homme est d'applicabilité directe dans son ensemble.

La question de la place de la coutume internationale est plus compliquée. Le Conseil constitutionnel était assez peu précis sur la place de cette norme en droit interne, (*décision du 30 septembre 1975*). Il a cependant infléchi sa position en acceptant la règle *Pacta sunt servanda* en 1992 et dans sa décision du 22 janvier 1999, relative à la ratification du statut de la Cour pénale internationale, il fait référence aux principes généraux du droit public international et aux principes généraux du droit des gens issus du droit humanitaire et des droits de l'Homme. Le Conseil d'État a, dans un arrêt du 6 juin 1997, *Aquarone*, refusé de faire prévaloir la coutume internationale sur la loi (*v. aussi pour les principes généraux du droit : CE, 28 juill. 2000, Paulin*). Mais le Conseil d'État fait également appel « aux principes du droit coutumier relatifs à la combinaison entre elles des conventions internationales » dans son arrêt du 28 décembre 2011, *M. Eduardo José Kandyrine de Brito Paiva.*

La Cour de cassation semble reconnaître l'application de la coutume internationale mais sans toujours la nommer : par exemple l'arrêt du 20 juin 2003, *Mme Naira*, où elle se réfère aux principes du Droit international. Cette position se retrouve dans l'arrêt du 13 avril 2016, n° 15-50018 (*v. Cass. crim., 15 déc. 2015, n° 15-83156,* pour l'affaire des biens mal acquis). On peut conclure que la coutume internationale produit des effets de droit mais ne prime pas la loi (v. également, *Cass. civ., 17 avril 2019, ABS ; Cass. crim., 25 septembre 2019, A. SAS Group*).

PARTIE 2 Les acteurs

Chapitre 7

L'État

L'État est une personne morale, distincte des éléments qui la composent. C'est le premier sujet de Droit international et le seul titulaire de la souveraineté.

L'État est le premier sujet de Droit international, historiquement tout d'abord ; en effet, l'État moderne est né au XVIe siècle et les organisations internationales au XIXe siècle. Il est le premier aussi dans le sens où il est le seul sujet originaire de Droit international, les autres étant des sujets dérivés qui doivent leur existence et leurs compétences à l'État.

L'État a la personnalité morale interne et ***internationale***. C'est ce second point qui nous intéresse ici, *et, dans ce cadre,* ***il est titulaire de droits et d'obligations au sein de la société internationale***. L'État est aussi le premier sujet de Droit international par le nombre : la décolonisation notamment, puis l'éclatement de plusieurs États fédéraux ont multiplié les États dans le monde (193 à l'ONU).

1 Les éléments constitutifs de l'État

L'État est constitué d'un territoire, d'une population et d'une autorité politique exclusive, classiquement appelée gouvernement.

Pour que l'État existe, ***il faut obligatoirement que ces trois éléments soient réunis***. Or, selon les États, ces éléments ne présentent pas les mêmes caractéristiques.

■ *Le territoire*

Le territoire est un élément important de l'État ; la question de l'intégrité territoriale est d'ailleurs abordée aussi bien dans la Charte des Nations unies (art. 2, § 4) que dans la Constitution française (art. 5).

Le territoire n'est pas uniforme, il est tout d'abord ***composé de trois espaces (terrestre, aérien, maritime)***, et ceux-ci se présentent sous des formes variables.

a) Le territoire terrestre

C'est l'ensemble des terres délimitées par les côtes et les frontières terrestres.

Le territoire est un élément constitutif de l'État quelle que soit sa superficie : que ce soit un micro-État comme Nauru (île de 21 km^2) ou les États-Unis.

Ce territoire peut être continu ou discontinu, c'est-à-dire divisé en plusieurs parties distinctes (ex. : les États-Unis avec l'Alaska et Hawaï). Mais cette division du territoire peut poser des problèmes, comme pour le Pakistan. Devenu indépendant en 1947, partagé en deux parties entre le Pakistan oriental et le Pakistan occidental, le premier a fait sécession en 1978 pour devenir le Bangladesh. Toutefois, la perte d'une partie de son territoire (par cession, échange, annexion...) ne met pas fin à l'existence de l'État, tant qu'il en conserve une partie (l'Ukraine en perdant la Crimée n'a pas disparu pour autant).

La situation géographique du territoire est importante, non pas pour qualifier un État, mais pour des raisons de géopolitique : ainsi, un accès large à la mer est incontestablement un avantage...

b) Les frontières

La frontière est ***la ligne légale qui marque la limite du territoire*** et le sépare soit du territoire d'un autre État, soit d'un espace international. Elle marque aussi la limite de la compétence territoriale de l'État. La fixation de la frontière est une opération en deux actes : d'abord, la délimitation par accord entre les États concernés, avec la signature d'un traité, puis la démarcation sur le terrain. La frontière peut être naturelle (un fleuve, une montagne) ou artificielle, elle est alors fixée selon une ligne imaginaire. La frontière est fixée aussi bien sur le territoire terrestre que pour le territoire maritime (*CIJ, 2007, Affaire du différend territorial et maritime entre le Nicaragua et le Honduras dans la mer des Caraïbes*) ou aérien.

Le principe de l'***uti possidetis juris*** a été développé lors de la décolonisation en Amérique latine au XIXe siècle puis repris pour la décolonisation de l'Afrique. Selon ce principe, l'État nouvellement créé hérite des frontières ou limites administratives établies par l'État colonisateur, sauf accord des États frontaliers pour modifier cette délimitation. Le principe a été confirmé à la suite de la dissolution de l'URSS et de la Yougoslavie, et la CIJ a affirmé son caractère de principe général du Droit international (*CIJ, 1992, Différend frontalier terrestre, insulaire et maritime*).

Les conflits frontaliers sont nombreux et réglés par voie juridictionnelle ou d'arbitrage, ou font même parfois l'objet d'un affrontement armé. La question de la délimitation des frontières reste d'actualité : en 2010, la Norvège et la Russie ont signé un accord sur la délimitation de leur frontière maritime en mer de Barents (la fonte des glaces en Arctique aiguise les appétits dans cette région jusque-là inexploitable) ; en 2012, la France et Andorre ont conclu un accord de délimitation de leur frontière (v. D. n° 2015-1187, 25 sept. 2015) ; en 2021, la France a également conclu un protocole d'accord avec le Suriname, mettant fin à des tensions apparues depuis 2019 pour déterminer la souveraineté sur près de 950 îles et leurs 2 000 habitants.

c) Le territoire aérien et le territoire maritime

Le territoire aérien a été reconnu au début du xxe siècle. Il intègre l'espace atmosphérique surplombant l'espace terrestre et le territoire maritime, à l'exception de l'espace extra-atmosphérique (v. Chapitre 16). Sur son territoire aérien, l'État exerce sa pleine et entière souveraineté. Il en réglemente donc l'accès et peut en interdire le survol dans les conditions fixées par la Convention de Chicago du 7 décembre 1944 sur le transport aérien.

Le territoire maritime est constitué de l'ensemble des espaces maritimes sur lesquels s'exerce la compétence exclusive de l'État côtier (v. Chapitre 14).

■ *La population*

Elle est ***constituée par les individus qui sont soumis à l'autorité étatique***. Elle est donc ***composée de deux catégories de personnes : les nationaux et les étrangers vivant sur le territoire de l'État***.

a) Les nationaux

Ils sont liés à l'État par le lien de nationalité, l'État exerce sur eux ***une compétence personnelle*** c'est-à-dire où qu'ils se trouvent.

Le droit de la nationalité présente deux aspects : un aspect interne et un aspect international.

Du point de vue interne, l'État détermine librement les conditions d'acquisition de la nationalité. Il existe deux grands systèmes d'attribution originaire : la règle du *jus sanguinis* (la filiation) et le *jus soli* (le lieu de naissance), les deux systèmes pouvant se combiner. La nationalité peut aussi s'acquérir par naturalisation, adoption ou mariage. Elle peut aussi se perdre (déchéance, acquisition d'une autre nationalité), même si la Déclaration universelle des Droits de l'Homme proclame dans son article 15 que « nul ne peut être privé arbitrairement de sa nationalité ». Il existe des conflits de nationalité quand les législations de deux États entrent en concurrence : conflit positif lorsqu'un individu est pourvu de plusieurs nationalités, conflit négatif lorsqu'il n'en a aucune. En général, les États concluent des conventions bilatérales pour pallier ce problème, et la Convention de New York de 1961 vise à réduire les cas d'apatridie.

Du point de vue international, la compétence de l'État n'est pas discrétionnaire. En effet, la nationalité ***n'est opposable aux autres États que si elle est effective***, c'est-à-dire si elle a « à sa base un fait social de rattachement, une solidarité effective d'existence, d'intérêts, de sentiments, jointe à une réciprocité de droits et de devoirs » (*CIJ, 1955, Nottebohm*). Cela signifie qu'il faut que cette nationalité soit une réalité et non pas un acte de complaisance.

La nationalité est à l'origine de droits (politiques comme le droit de vote, mais aussi professionnels, sociaux...) et d'obligations (service militaire, obligations fiscales...).

b) Les étrangers vivant sur le territoire

Ils ne bénéficient pas en général des mêmes droits que les nationaux (notamment politiques ou en matière d'emploi), et ne sont pas soumis aux mêmes obligations.

Il faut rappeler ici que le traité de Maastricht de 1992 a mis en place pour les ressortissants de l'Union européenne une citoyenneté européenne, qui ne remplace pas la nationalité, mais qui ouvre droit à certaines prérogatives pour les étrangers communautaires : liberté de circulation, droit de vote aux élections européennes et municipales...

■ *L'autorité politique exclusive*

En tant que personne morale, ***l'État doit être représenté par des organes composés d'individus***. Le ***gouvernement*** constitue donc la forme juridique du pouvoir politique, et, dans cette acception, le gouvernement comprend l'organe au sens strict, mais aussi les structures administratives auxquelles s'ajoute l'ordre juridique.

Au regard du Droit international, deux conditions doivent être remplies : ***l'autorité doit être exclusive et effective***. Exclusive, parce qu'il n'y a qu'un seul gouvernement, effective, c'est-à-dire que le gouvernement doit être réellement apte à exercer ses compétences. Le Droit international est, en revanche, indifférent à la forme politique de l'État : c'est le principe de l'autonomie constitutionnelle, rappelé par la CIJ dans un avis du 21 juin 1971, « aucune règle de Droit international n'exige que l'État ait une structure déterminée... », ou au caractère démocratique ou non du gouvernement : à partir du moment où ses éléments constitutifs sont réunis, l'État existe.

2 La souveraineté

La ***souveraineté*** de l'État est le principe selon lequel ***l'État n'est soumis à aucune autorité supérieure***. Elle présente deux facettes : souveraineté interne et souveraineté externe, seule cette dernière nous intéressant ici. ***Souveraineté et indépendance sont indissociables***, ainsi que l'a souligné la sentence *arbitrale* « Île de Palmas » de 1928.

Les caractères de la souveraineté

Cette sentence a défini les caractères de la souveraineté :

- ***la plénitude de compétences*** : l'État a la compétence de sa compétence, il décide de l'étendue de ses prérogatives sur son territoire et des limites qu'il va y accepter ;
- ***l'autonomie de la compétence*** : les autorités de l'État ne peuvent pas être soumises à des directives ou ordres provenant d'autorités extérieures. Cette autonomie est liée au principe d'égalité des États, rappelé dans la Charte des Nations unies à l'article 2, § 1, (égalité juridique à défaut d'une égalité réelle). Le corollaire de ce principe est celui de la non-intervention dans les affaires intérieures d'un autre État ou principe de non-ingérence (Charte des Nations unies, art. 2, § 7) ;
- ***l'exclusivité de la compétence*** : seules les autorités nationales peuvent engager l'État pour exercer au plan international les compétences qui lui sont reconnues. L'État a sur son territoire le monopole de la législation, de la contrainte, et de juridiction.

L'État dispose de ce qu'on appelle classiquement son domaine réservé, c'est-à-dire le domaine des activités étatiques où la compétence de l'État n'est pas liée par le droit international et dans lequel les autres États ou les organisations internationales ne peuvent s'immiscer. Ce domaine est consacré à l'article 2, § 7 de la Charte des Nations unies. Il va être limité par les engagements internationaux pris par l'État, ainsi que par le principe du respect des droits fondamentaux de l'individu.

Les compétences de l'État

L'État exerce trois types de compétences :

- ***la compétence personnelle qu'il exerce sur les personnes physiques et morales ou entités*** (navires, aéronefs) ***ayant sa nationalité***. Elle s'exprime notamment pour les nationaux se trouvant à l'étranger par la protection diplomatique, mais peut aussi prendre la forme d'obligations fiscales ou autres. Les nationaux américains sont ainsi assujettis à l'impôt aux USA même en l'absence de tout autre lien avec le pays (cas des personnes nées « accidentellement » dans le pays, qui n'y résident pas et ont une double nationalité) ;
- ***la compétence d'organisation des services publics à l'étranger*** (marine de guerre, troupes stationnées à l'étranger, service diplomatique et consulaire) ;
- ***la compétence territoriale*** : l'État détient l'exclusivité et la plénitude de ses compétences sur le territoire puisqu'il y est souverain. Elle prime les deux autres : un étranger sur le territoire d'un État est soumis aux lois de cet État.

Les limites à la souveraineté

a) Les limites acceptées par l'État

Juridiquement, seul l'État est compétent pour accepter des limitations à sa souveraineté. Ces ***limites découlent entre autres de la conclusion par l'État de traités internationaux, de l'adhésion à une organisation internationale, de l'obligation de respecter la souveraineté des autres États et de certaines règles de droit international*** telles que l'interdiction du recours à la force armée, de l'obligation de régler pacifiquement les différends...

b) Du « droit d'ingérence » à la responsabilité de protéger

Si le principe de non-ingérence dans les affaires intérieures d'un État tiers constitue l'un des principes fondamentaux des relations entre États, on a pu se demander si dans certaines situations, on ne pouvait pas accepter une exception prenant la forme d'un droit d'ingérence humanitaire.

Ce concept est apparu dans les années 1980 sous l'impulsion de la France. Il prônait l'existence d'un droit (voire d'un devoir) pour les États et les organisations non gouvernementales à apporter une aide humanitaire aux populations en détresse même sans autorisation de l'État en cause, ce qui semble incompatible avec le principe de souveraineté. L'AGNU a adopté en 1988 la résolution 43/131 qui invite les États à faciliter la mise en œuvre de l'assistance humanitaire par les organisations internationales et ONG. Elle a été complétée par la résolution 45/100 du 4 décembre 1990 qui a créé la notion de couloirs humanitaires devant permettre l'accès aux victimes, toujours ***avec l'accord de l'État en cause***. Dans les deux cas, la souveraineté de l'État a été protégée, même si la CIJ, dans son arrêt de 1986 *(Activités militaires et paramilitaires au Nicaragua),* avait souligné que la fourniture d'une aide strictement humanitaire ne saurait être illicite à condition d'être prodiguée sans discrimination et sans employer la force. Par la suite, des interventions ont été décidées ***sur la base du chapitre VII*** de la Charte des Nations unies. Justifiées par la nécessité de protéger la paix et la sécurité internationales, elles ont pu être menées sans l'accord des États.

Le concept a été recadré dans celui de « responsabilité de protéger », né notamment d'une réflexion menée après le génocide au Rwanda. Un rapport du SGNU définit ce concept : « C'est à chaque État qu'il incombe de protéger les populations du génocide, des crimes de guerre, du nettoyage ethnique et des crimes contre l'humanité », ce qui suppose que la souveraineté impose des devoirs à l'État vis-à-vis de sa population, et qu'« Il incombe également à la communauté internationale, dans le cadre de l'ONU, de mettre en œuvre les moyens diplomatiques, humanitaires et autres moyens pacifiques appropriés, conformément aux Chapitres VI et VII de la Charte des Nations unies, afin d'aider à protéger les populations du génocide, des crimes de guerre, du

nettoyage ethnique et des crimes contre l'humanité ». Donc en cas d'absence d'action de l'État, c'est le CSNU qui devrait prendre la relève.

Malheureusement un veto empêche souvent toute prise de décision (Corée du Nord en 2015, Syrie...). La mise en œuvre de ce concept reste toujours difficile, notamment dans la délimitation entre la souveraineté des États et un devoir d'aider des populations. La situation depuis 2011 en Syrie en est un exemple. Le CSNU n'a pas pu agir rapidement en raison notamment des vetos chinois et russe.

Le SGNU dans son rapport A/69/981 de juillet 2015 avait défini 6 grandes priorités pour faire évoluer la responsabilité de protéger dans la prochaine décennie. Son rapport 2016 (A/70/999) reconnaît que « la communauté internationale, qui aspirait à prévenir les atrocités criminelles et à y réagir promptement, a lamentablement échoué », avant d'expliquer les causes de cet échec et de donner des pistes pour que la responsabilité de protéger devienne une réalité.

3 La formation et la fin de l'État

■ *La naissance de l'État*

Depuis la disparition des territoires sans maître, un État ne peut être créé que par sécession, démembrement d'un État existant, ou regroupement. La décolonisation a aussi permis la naissance de nombreux nouveaux États. On distingue ainsi :

- ***la sécession*** : elle permet à une partie de la population située sur une portion précise du territoire d'un État existant de créer un nouvel État indépendant. Cet acte se heurte au principe de l'intégrité territoriale des États et n'est que rarement accepté. La sécession du Katanga ou celle du Biafra ont été des échecs. La sécession de la Crimée d'avec l'Ukraine pour un rattachement à la Russie en mars 2014 pose de ce point de vue de nombreuses questions du fait justement de l'implication d'un État tiers dans le processus (l'AGNU considère d'ailleurs que le référendum organisé en Crimée n'a aucune validité, A/RES/68/262) ;

> **Pour aller plus loin**
>
> Le 9 juillet 2011, la République du Sud-Soudan a été créée par sécession avec le Soudan. Le référendum (en faveur de l'indépendance à plus de 98 %) a été organisé après 22 années de conflit armé et un accord passé en 2005 avec le gouvernement de Khartoum. Le Sud-Soudan est devenu le 193e État du monde et le 54e État africain.

- ***le démembrement d'un État*** : un État existant éclate et disparaît et de nouveaux États indépendants sont constitués sur son territoire. C'est l'exemple de l'ex-URSS ou de l'ancienne Tchécoslovaquie ;
- ***le regroupement*** : des États indépendants décident de se regrouper pour ne plus former qu'un seul État, comme la Confédération des États-Unis en 1776 devenue État fédéral en 1787 ;
- ***la décolonisation*** a été à l'origine de la naissance de nombreux États aux XIXe et XXe siècles. Le principe des nationalités, puis celui du ***droit des peuples à disposer d'eux-mêmes***, énoncé dans la Charte des Nations unies aux articles 1, § 2 et 55, ont permis à des peuples « soumis à une subjugation, à une domination et à une exploitation étrangère » (résolution 1514 des Nations unies), de créer de nouveaux États. Ce principe a été reconnu par la CIJ comme constituant un des principes essentiels du Droit international contemporain et comme ayant un effet *erga omnes* – à l'égard de tous – (*1995, affaire du Timor Oriental*). En pratique, il est surtout lié à la période de la décolonisation. La résolution 1514 et la résolution 2625 « *Déclaration relative aux principes du droit international touchant les relations amicales et la coopération entre les États* » ont posé les bases d'application du droit des peuples. Ceux-ci peuvent ainsi décider de créer un État indépendant, ou de s'associer librement à un État, ou encore d'intégrer un État. Si la reconnaissance de ce droit n'a guère posé de difficulté pour les peuples sous domination étrangère (colonies), son application est devenue plus problématique par la suite. Les États nouvellement indépendants notamment n'ont pas souhaité que certaines de leurs minorités puissent accéder à l'autonomie. Pour bénéficier de ce droit, le peuple doit donc être identifié comme tel par l'ONU qui va aussi reconnaître le mouvement de libération nationale engagé dans cette lutte, ce qui devient assez rare. Quant aux minorités religieuses, ou autres, il semble que le droit des peuples ne puisse leur être appliqué, afin d'éviter l'éclatement des États, mais que ceux-ci doivent assurer à ces minorités un certain nombre de droits comme le respect de l'identité culturelle ou linguistique, et la non-discrimination...

■ *La reconnaissance d'État*

La reconnaissance est l'acte par lequel un État reconnaît l'opposabilité à son égard d'une situation ou d'un acte juridique.

a) Un acte discrétionnaire

La reconnaissance d'État est un ***acte unilatéral, discrétionnaire, et essentiellement politique*** : même si les éléments constitutifs de la formation de l'État sont réunis et donc que l'État existe, les autres États sont libres de le reconnaître ou non. Il n'y a ni obligation de reconnaissance, ni procédure spécifique. Généralement, c'est un acte individuel, même si les organisations internationales peuvent parfois intervenir dans ce domaine. Ainsi, les États membres de l'Union européenne ont adopté une position commune recommandant à ce que la reconnaissance soit subordonnée au respect par l'État en cause, de certaines conditions ayant trait principalement au respect des droits de l'Homme.

On peut cependant considérer qu'il existe aujourd'hui des limites à ce caractère discrétionnaire, voire que l'on se dirigerait vers une obligation de ne pas reconnaître. En effet, l'ONU (*résolution AG 2625 XXV*) et la CIJ (*avis sur les conséquences juridiques pour les États de la présence continue de l'Afrique du sud en Namibie, nonobstant la résolution 276 (1970) du Conseil de sécurité, 1971*) ont tous deux estimé que la reconnaissance n'a pas lieu d'être lorsque l'acquisition territoriale est obtenue par l'emploi de la force.

Cette opinion est confirmée par la pratique :

– le refus de reconnaître l'annexion forcée du Koweït par l'Irak a été quasi unanime suite à la demande du Conseil de sécurité de l'ONU ;
– la « République Turque de Chypre du Nord » n'a, quant à elle, été reconnue que par la Turquie ;
– les Républiques populaires de Donetsk et de Lougansk autoproclamées en 2014 ne sont reconnues que par la Russie le 21 février 2022.

Une autre limite qui semble aujourd'hui acceptée est celle du ***respect de la démocratie et des droits de l'Homme et des minorités***. Il faut cependant se rappeler que la reconnaissance est un acte essentiellement politique, dépendant des intérêts et de la position politique de chaque État :

– Israël n'est toujours pas reconnu par une partie des pays arabes alors que l'ONU l'a reconnu en 1949 (même si cet État a été reconnu par l'Égypte, la Jordanie et plus récemment par les Émirats arabes unis, le Bahreïn, le Soudan et le Maroc) ;
– le Kosovo, dont le Parlement a proclamé l'indépendance le 17 février 2008 et qui était administré par l'ONU depuis 1999, a été reconnu par une grande partie de la Communauté internationale, mais cette déclaration d'indépendance a soulevé les plus vives contestations de la Serbie et entre autres de la Russie, et de la Roumanie. La CIJ (avis consultatif du 22 juin 2010) avait cependant conclu que cette déclaration d'indépendance n'avait violé aucune règle applicable du droit international ;
– le Sud-Soudan a été reconnu dès son indépendance par la quasi-totalité des États membres de l'ONU.

b) Les caractères de la reconnaissance

La reconnaissance d'État a une portée purement ***déclarative***. L'État existe même s'il n'est pas reconnu, la reconnaissance n'est pas une condition de son existence. Cependant, l'État a besoin d'être reconnu pour nouer des relations au sein de la société internationale.

La reconnaissance peut prendre plusieurs formes :

- elle peut être ***expresse***, elle prend alors l'aspect d'un acte solennel, quelle qu'en soit la forme : acte unilatéral, traité... ;
- elle peut aussi être ***tacite***, lorsque l'État agit comme s'il avait reconnu l'autre État, principalement en établissant des relations diplomatiques.

Il ne faut pas identifier la reconnaissance d'État à la reconnaissance de gouvernement. Celle-ci peut avoir lieu en cas de changement de régime politique (coup d'État, révolution...) uniquement. Cette pratique pose peu de problèmes lorsqu'un seul gouvernement se met en place. Les autres États se baseront seulement sur l'effectivité du gouvernement. En revanche, la situation se complique lorsque plusieurs gouvernements prétendent exercer simultanément leurs compétences. Devant cette situation, les États devraient reconnaître uniquement le gouvernement qui remplit les conditions d'effectivité, à condition bien sûr que l'un d'eux les remplisse. Mais rappelons que la reconnaissance est un acte politique.

■ *La succession d'États*

a) Définition

« L'expression succession d'États, s'entend de la substitution d'un État à un autre dans la responsabilité des relations internationales d'un territoire » (Conv. Vienne 1978, art. 2, § 1 sur la succession en matière de traités). Il y a donc remplacement d'un État par un autre, ce qui pose un certain nombre de questions de droit.

La question s'est posée à la fin du xxe siècle pour la succession de la Yougoslavie et celle de l'URSS. Pour cette dernière, la Fédération de Russie a été considérée comme continuant l'URSS et non pas comme y succédant. Il n'y a donc pas eu rupture. En revanche, l'Ukraine a succédé à l'URSS dans les limites territoriales de l'ancien État fédéré.

b) Problèmes juridiques

Lorsqu'il y a changement d'État, il y a aussi changement de souveraineté, les droits publics de l'État disparaissant ne sont pas opposables à l'État héritier. Le problème est plus délicat pour les droits patrimoniaux des particuliers, et la thèse du maintien des droits acquis par les particuliers avait tout d'abord été consacrée par la CPJI. Cette thèse a été contestée par les pays nouvellement indépendants, et la résolution 1803 (XVII) de l'Assemblée générale des Nations unies accepte la possibilité pour le nouvel État de nationaliser les biens privés sous condition d'une juste indemnisation.

Les biens meubles et immeubles de l'État passent à l'État successeur (ce qui a « permis » à l'Ukraine de bénéficier du cadeau empoisonné que constitue la centrale nucléaire de Tchernobyl). La question de la dette publique est quant à elle réglée de façon pragmatique, et diplomatique, avec le plus souvent un accord spécifique. Enfin, les traités internationaux ne sont pas transmissibles (sauf ceux créant des situations objectives, comme la fixation d'une frontière), de même que la participation à une organisation internationale (sauf accord des États parties). Il n'y a pas non plus de transfert de responsabilité entre les deux États.

4 Les relations diplomatiques et consulaires

Les relations diplomatiques

La diplomatie peut se définir comme étant composée des moyens par lesquels les États établissent et maintiennent des relations mutuelles au sein de la société internationale. C'est même, selon la CIJ, « un instrument essentiel de coopération efficace dans la Communauté internationale, qui permet aux États nonobstant les différences de leurs systèmes constitutionnels et sociaux, de parvenir à la compréhension mutuelle et de résoudre leurs divergences par des moyens pacifiques » (*Ord., 15 déc. 1979*).

Les gouvernants de l'État (chef de l'État ou du gouvernement) jouent un rôle de premier plan dans la mise en œuvre de ces relations interétatiques : visites officielles, sommets... Mais l'établissement de relations diplomatiques est le canal habituel des relations permanentes entre les États.

Les relations diplomatiques remontent au XVe siècle, lorsque Venise entretenait des relations permanentes, politiques et commerciales avec les États d'Europe. Dès le XVIIe siècle la pratique se répand dans l'ensemble des États. Mais il faudra attendre le congrès et le règlement de Vienne de 1815 pour qu'une première codification du droit diplomatique voie le jour. Le protocole d'Aix-la-Chapelle de 1818 viendra compléter ce texte.

Après l'échec de la SdN dans l'élaboration d'un nouveau traité sur la question, c'est l'ONU qui sera à l'origine de l'adoption de la Convention de Vienne du 18 avril 1961 sur les relations diplomatiques (entrée en vigueur le 24 avril 1964), convention qui lie aujourd'hui la quasi-totalité des États. Elle a été complétée par la convention du 8 décembre 1969 sur les missions diplomatiques spéciales (missions temporaires pour traiter d'une question déterminée).

a) L'établissement et la rupture des relations diplomatiques

Le Droit international reconnaît aux États un ***droit de légation***. Celui-ci peut être actif ou passif : actif, il consiste pour un État « accréditant » à envoyer des représentants auprès d'un autre État « accréditaire » ; passif, il consiste à recevoir les représentants de l'État « accréditant ».

Les relations diplomatiques s'établissent par consentement mutuel. La décision d'établir ou de maintenir ces relations est discrétionnaire et purement politique. Elle est généralement liée à la reconnaissance d'État. La rupture des relations diplomatiques est un acte tout aussi discrétionnaire de l'État, qui suppose en général qu'il soit survenu une profonde détérioration des relations politiques entre les deux. Un État prendra donc unilatéralement la décision de fermer sa mission diplomatique, ce qui, en vertu du principe de réciprocité, obligera l'État accréditant à faire de même.

La rupture est généralement de règle en cas de guerre entre les deux États. Dans ce cas, c'est la procédure de la déclaration de *persona non grata* qui sera mise en œuvre. En effet, la convention de Vienne sur les relations diplomatiques (1961) prévoit qu'en cas de crise ou en temps de grande tension, il peut être notifié à un chef de mission diplomatique la fin de son agrément et, partant, il peut être imposé à son État accréditant de le rappeler rapidement (dans un délai qui ne saurait excéder 48 ou 72 heures).

Pour aller plus loin

Voir en 2018 le rappel par des pays occidentaux de diplomates russes en protestation contre l'empoisonnement d'un ex-espion en Grande-Bretagne attribué à la Russie (affaire Skripal). Cette dernière a, en mesure de rétorsion, déclaré *persona non grata* des diplomates des mêmes pays.

En février 2019, l'ambassadeur de France en Italie a été rappelé quelques jours à Paris à la suite des déclarations qualifiées « d'outrancières » de responsables politiques italiens.

En mai 2022, l'ambassadeur de France à Moscou, Pierre Lévy, est convoqué au ministère des Affaires étrangères russe qui va lui notifier que 34 diplomates français sont déclarés *persona non grata*. Cette décision s'inscrit dans le cadre du conflit russo-ukrainien et fait suite, notamment, à la décision prise par la France, en avril 2022, de déclarer *persona non grata* des dizaines de diplomates russes soupçonnés d'espionnage sous couvert diplomatique.

Une organisation internationale peut aussi demander à ses membres de cesser toutes relations diplomatiques avec un État. Ainsi, l'article 41 de la Charte des Nations unies prévoit que la rupture des relations diplomatiques est une sanction pouvant être décidée par le Conseil de Sécurité contre un État en cas de menace contre la paix, de rupture de la paix ou d'agression.

b) La mission diplomatique

C'est l'***ensemble du personnel nommé par l'État accréditant pour exercer, sous l'autorité d'un chef de mission, des fonctions de caractère diplomatique, sur le territoire de l'État accréditaire***. Le ***corps diplomatique est quant à lui constitué de l'ensemble des agents diplomatiques des diverses missions accréditées dans un État***.

C'est l'ambassadeur qui est à la tête de la mission diplomatique. Sous son autorité se trouve un ensemble d'agents diplomatiques : conseillers, secrétaires d'ambassade, attachés... Les effectifs de la mission doivent être définis par un accord entre les deux États, et doivent être en « un nombre raisonnable et normal, eu égard aux circonstances... et aux besoins de la mission » (Conv. Vienne, art. 2).

Le chef de mission ne peut entrer en fonction qu'avec l'agrément de l'État accréditaire, il présente donc ses « lettres de créance » au chef de l'État du pays accréditaire. Les autres nominations se font par simple notification.

c) Les fonctions de la mission diplomatique

La ***Convention de Vienne fixe une liste non limitative des différentes fonctions pouvant être exercées par la mission diplomatique*** : représenter l'État accréditant, protéger les intérêts de l'État accréditant et de ses ressortissants se trouvant sur le territoire de l'État accréditaire (c'est la protection diplomatique), négocier avec l'État accréditaire, informer l'État accréditant de la situation de l'État accréditaire (mais il ne s'agit pas d'espionnage), entretenir et développer les relations entre les deux États (dans les domaines culturel, économique...).

d) Les immunités diplomatiques

Leur raison d'être est de permettre au personnel diplomatique d'exercer ses fonctions en toute indépendance par rapport à l'État accréditaire. « Dans la conduite des relations entre États, il n'est pas d'exigence plus fondamentale que celle de l'inviolabilité des diplomates et des ambassades ».

Dans l'affaire des agents diplomatiques et consulaires américains en poste à Téhéran qui ont été retenus en otage de novembre 1979 à janvier 1981, les autorités iraniennes, dans un premier temps, ne se sont pas opposées à ce coup de force, elles y ont dans un second temps activement participé au mépris des règles de Droit international. *(CIJ, 1980, Personnel diplomatique et consulaire des États-Unis à Téhéran).*

Ces immunités comprennent d'une part, la ***liberté de communication***, c'est-à-dire sans contrôle de l'État accréditaire (télégrammes chiffrés, valise diplomatique...), d'autre part l'***inviolabilité du personnel diplomatique qui ne peut être ni arrêté, ni détenu*** (la même protection est prévue pour les familles) et l'***inviolabilité des locaux diplomatiques***, les agents de l'État accréditaire ne pouvant pas y pénétrer sans le consentement du chef de mission (l'État accréditaire devant de surcroît protéger les locaux), ainsi que des biens meubles, archives et documents. S'y ajoutent ***l'immunité juridictionnelle*** (aucune action en justice n'est possible contre un agent diplomatique ou sa famille devant les tribunaux de l'État accréditaire), et ***les immunités fiscales***.

L'Immunité juridictionnelle tout comme l'inviolabilité du personnel diplomatique est absolue, c'est-à-dire qu'elle s'exerce que l'agent soit ou non dans le cadre de ses fonctions et s'exerce, rappelons-le, également pour sa famille. Toutefois l'État accréditant peut engager des poursuites devant ses propres tribunaux ou même lever l'immunité diplomatique (ce qui reste rare) : la personne pourra alors être poursuivie devant les tribunaux de l'État accréditaire.

En contrepartie de ces immunités, les agents diplomatiques ont l'obligation de respecter les lois et règlements et de ne pas s'ingérer dans les affaires intérieures de l'État accréditaire. Si un agent ne se conforme pas à ses obligations (notamment en cas d'espionnage), l'État accréditaire peut le déclarer *persona non grata* et lui enjoindre de quitter son territoire.

Le principe de l'inviolabilité des locaux diplomatiques a eu pour conséquence indirecte de poser la question du droit d'asile. Si le demandeur est un délinquant de droit commun, la mission diplomatique doit le remettre aux autorités de l'État d'accueil. S'il s'agit d'un réfugié politique, le problème est plus délicat et la Convention de Vienne n'aborde pas le sujet. Dans l'affaire dite du « droit d'asile » (Haya de la Torre, 1950), la Cour internationale de Justice n'a pas reconnu l'existence de ce droit. En fait, les États vont agir au cas par cas, en tenant compte de considérations essentiellement politiques (voir par exemple le cas de J. Assange réfugié à l'ambassade d'équateur de 2012 à 2019 puis détenu dans une prison de haute sécurité au Royaume-Uni depuis 2019, alors qu'il est poursuivi pour des faits de droit commun).

Immunités diplomatiques				
Liberté de communication entre l'ambassade et l'État accréditant	**Inviolabilité du personnel et des familles**	**Immunité juridictionnelle pour le personnel et les familles**	**Inviolabilité des locaux**	**Immunités fiscales**
Sans contrôle de l'État accréditaire : télégrammes chiffrés, valise diplomatique qui n'est pas contrôlée à la douane…	Ni arrestation, ni détention par les autorités de l'État accréditaire.	Aucune action en justice devant les tribunaux de l'État accréditaire.	Les agents de l'État accréditaire ne peuvent pas y pénétrer sans le consentement du chef de mission et l'État accréditaire doit protéger ces locaux, biens meubles, archives et documents.	Les agents ne sont pas soumis à impôt dans le pays accréditaire.
	Inviolabilité et immunité absolues : elles s'appliquent que l'agent soit ou non dans le cadre de ses fonctions.			

■ *Les relations consulaires*

Les relations consulaires sont nées au XIIIe siècle. Elles étaient étroitement liées au commerce international. Elles font aujourd'hui l'objet de la Convention de Vienne sur les relations consulaires du 24 avril 1963, entrée en vigueur en mars 1967.

a) L'établissement et la rupture des relations consulaires

L'établissement des relations consulaires est soumis à la règle du consentement mutuel et elle ne dépend pas de l'existence de relations diplomatiques. La rupture de ces dernières n'entraîne pas obligatoirement la rupture des relations consulaires (l'inverse est aussi vrai : en juillet 2020, le gouvernement américain a exigé la fermeture du consulat chinois de Houston au Texas). Les chefs de poste consulaire ont une compétence territoriale définie dans l'État de résidence : la circonscription consulaire.

b) Le personnel

Il existe deux catégories de consuls : le consul (consul général qui exerce au Consulat général) qui est fonctionnaire et a la nationalité de l'État d'envoi et le consul honoraire qui peut être un ressortissant de l'État de résidence ou d'un État tiers et qui exerce bénévolement ses fonctions au sein d'une Agence consulaire. Ce dernier ne bénéficie pas des mêmes immunités que les consuls et dispose de compétences plus retreintes. L'État d'envoi nomme le consul par un document appelé « lettre de provision », et l'État de résidence doit l'autoriser à exercer ses fonctions, (« *exequatur* »). Sur la nomination v. CE, 27 mars 2019, *Syndicat CFDT Affaires étrangères et autres.*

c) Les fonctions

Les fonctions du consul sont purement administratives et non pas politiques. La Convention de Vienne les énumère de manière non limitative : protéger les intérêts de l'État d'envoi et de ses ressortissants, état civil, assistance judiciaire, délivrance des passeports et de visas, favoriser le développement des relations entre les deux États (culturelles, économiques, commerciales), contrôler et porter assistance aux navires et aéronefs de l'État d'envoi, et à leurs équipages. V. par ex. Arrêté du 31 décembre 2020 relatif aux compétences de plusieurs consuls généraux de France aux USA (*NOR:EAEF2036045A*). Arrêté du 6 avril 2021 portant habilitation des consuls honoraires en vue de la remise des passeports et des cartes nationales d'identité à leur titulaire (*NOR:EAEF2107237A*).

Pour aller plus loin

Voir sur la question de l'assistance judiciaire, l'arrêt de la CIJ du 31 mars 2004, *Avena et autres ressortissants mexicains* (*Mexique c/États-Unis d'Amérique*) et l'arrêt *LaGrand* du 27 juin 2001 (*Allemagne c/États-Unis d'Amérique*) qui portent notamment sur le non-respect par les États-Unis de la Convention de Vienne sur les relations consulaires.

d) Les immunités consulaires

Les ***immunités consulaires***, contrairement aux immunités diplomatiques sont purement fonctionnelles, c'est-à-dire qu'elles ***ne portent que sur les actes accomplis dans l'exercice des fonctions***. Les inviolabilités portant sur les bâtiments et les communications sont également réduites aux nécessités de la fonction.

Chapitre 8

Les organisations internationales

Les organisations internationales sont des sujets dérivés de Droit international : créées par les États, elles tiennent leurs compétences de ces derniers.

Les premières organisations internationales sont nées au XIXe siècle. Elles étaient principalement des organisations techniques, comme l'Union Postale Universelle créée en 1874 ou la Commission Centrale du Rhin (1815).

La première organisation universelle à compétence générale était la Société des Nations (SdN), établie en 1919, dans un but du maintien de la paix ; elle a été remplacée en 1945 par l'Organisation des Nations unies.

Le nombre des organisations internationales a considérablement augmenté après la Seconde Guerre mondiale : la mise en place de l'ONU a entraîné la création des institutions de la famille des Nations unies et la décolonisation a amené les nouveaux États à concevoir leurs propres organisations internationales. Ce terme d'organisation internationale recouvre aujourd'hui une catégorie très hétérogène d'institutions.

1 Diversité des organisations

■ *Définition*

L'organisation internationale peut être définie comme une « ***association d'États, constituée par traité, dotée d'une constitution et d'organes communs et possédant une personnalité juridique distincte de celle des États membres*** » (travaux de la CDI, 1956).

Mais cette possible définition recouvre des réalités multiples et différentes. Il n'existe pas un seul type d'organisation internationale, mais une grande variété d'institutions qui ont une organisation, des compétences et des buts variés.

■ Classification

Les organisations internationales peuvent être ***classées selon différents critères*** :
– leur composition :
- l'organisation a vocation universelle à accueillir tous les États. Ce sont principalement celles de la famille des Nations unies,
- l'organisation régionale réunit un nombre limité d'États suivant des affinités géographiques, économiques, politiques... (comme l'Union européenne) ;

– leur compétence :
- l'organisation a une action limitée à un domaine (économique, de défense...). Ainsi l'IRENA (Agence internationale des énergies renouvelables) a été créée en janvier 2009 afin de répondre aux nécessités du développement de ces énergies dans le monde,
- l'organisation internationale peut aussi avoir des domaines de compétences étendus (ONU). Dans ce cas, on la désignera comme étant une organisation politique ;

– leur autorité :
- l'organisation de coopération a pour fonction de favoriser la coopération, la coordination des actions entre les États membres. Elle respecte la souveraineté des États et ne peut leur imposer de décision,
- l'organisation d'intégration est généralement très structurée et elle a vocation à favoriser le pouvoir de décision de l'organisation face aux États, les transferts de compétences et l'intégration des États. Par exemple l'Union européenne. Ce type d'organisation reste assez rare, les États ne souhaitant généralement pas limiter leurs compétences.

2 Création et participation

■ La création

C'est l'***acte constitutif*** de l'organisation qui non seulement la ***crée***, mais aussi ***définit*** ses ***compétences*** et ses ***moyens***. Antérieur et extérieur à l'organisation, il permet d'officialiser l'accord de volonté entre les États et de mettre en place une « constitution » pour l'organisation. Cet acte constitutif ***est un traité international*** (v. Chapitre 1) et ce, quel que soit son nom (*Charte* des NU, *Pacte* de la SdN ou autre). Il lie les États (« *Pacta sunt servanda* »), mais uniquement dans les limites et pour un objet librement acceptés. Les États peuvent émettre des réserves au traité si elles sont compatibles avec ses buts, sauf refus de l'organe compétent de l'organisation ou interdiction par le traité lui-même.

L'acte constitutif s'impose face aux traités antérieurs conclus par les États membres, mais pour ce qui est des traités conclus postérieurement il faut que l'acte constitutif prévoie la hiérarchie entre les textes (ainsi, l'article 103 de la Charte des Nations unies souligne que la Charte l'emporte sur tout autre accord).

■ *La participation*

a) Les modalités de participation

En principe, ***seuls des États souverains*** peuvent être membres d'une organisation internationale, aussi appelée intergouvernementale. Sont donc normalement exclus les organisations internationales (même si ce principe peut souffrir des exceptions : ainsi l'Union européenne est membre de l'IRENA) et les États fédérés, encore qu'il faille rappeler que la Biélorussie et l'Ukraine siégeaient aux Nations unies aux côtés de l'URSS. En fait tout dépend de la volonté des États membres et du statut de l'organisation.

Le plus souvent, les États sont membres pléniers, c'est-à-dire qu'ils sont titulaires de tous les droits et devoirs liés à la qualité de membre. Parfois, ils sont seulement associés : ils bénéficient alors des mêmes droits que les membres, sauf pour ce qui est du droit de vote. Enfin, les États, mais aussi d'autres organisations, peuvent être simplement observateurs, c'est-à-dire qu'ils bénéficient du droit d'assister aux débats les concernant.

C'est ainsi que l'Union européenne est observatrice auprès de l'Assemblée générale des Nations unies. Le Saint-Siège bénéficie d'un statut d'observateur permanent à l'ONU qui lui permet notamment de participer à tous les débats de l'AGNU (Res. A/58/314).

b) La qualité de membre

L'adhésion à une organisation internationale est un acte volontaire de la part de l'État, de même que l'acceptation de la candidature est un acte volontaire de la part de l'organisation.

On peut ***différencier les membres originaires qui ont négocié l'acte constitutif et créé l'organisation, des membres admis***. Ceux-ci souhaitent adhérer à l'organisation après sa création, et pour cela ils sont soumis à une procédure d'admission plus ou moins compliquée selon les organisations. C'est l'acte constitutif qui détermine les conditions et les procédures d'admission. Les critères d'admission sont définis en fonction des finalités de l'organisation et pour assurer la solidarité entre les États membres. C'est pourquoi ces procédures diffèrent selon les organisations avec cependant des points communs : il faut tout d'abord que l'État dépose sa candidature ; puis il faut un vote d'un ou plusieurs organes de l'organisation suivant des procédures de majorité variables, voire à l'unanimité. Ainsi l'article 4 de la Charte de l'ONU impose un vote de l'Assemblée générale sur recommandation du Conseil de Sécurité. Les conditions à remplir pour l'État demandeur sont alors : être un État pacifique, accepter de remplir les obligations de la Charte, en avoir la capacité et être disposé à le faire.

Les nouveaux membres siègent en principe à égalité avec les autres, avec les mêmes droits et obligations.

Un État peut quitter l'organisation pour différentes raisons :

- de sa propre volonté, c'est alors un retrait ; c'est par exemple la procédure qu'a engagée la Grande-Bretagne pour quitter l'Union européenne. C'est également la procédure engagée par les États-Unis en juillet 2020 pour se retirer de l'OMS (Organisation mondiale de la santé) avant de revenir sur cette annonce le 20 janvier 2022 (au lendemain de l'élection de Joe Biden au poste de Président) et de proclamer son maintien finalement au sein de cette organisation. Il peut aussi plus simplement s'abstenir de siéger à tous ou à certains organes, afin de marquer son désaccord avec la politique suivie ;
- le départ peut lui être imposé : une sanction disciplinaire peut alors temporairement ôter à l'État son droit de vote ou son droit de siéger, mais l'exclusion, en cas de violation grave des principes de l'organisation sera quant à elle définitive. C'est le cas de la Russie qui a été mise à l'écart, en avril 2022, du Conseil des Droits de l'Homme par un vote de l'assemblée générale des Nations unies (93 voix contre 24 et 58 abstentions). Accusée de crimes de guerre en Ukraine depuis l'invasion lancée le 24 février 2022, la Russie a démenti formellement ces accusations et, en réponse à ce vote, s'est retirée dudit Conseil, redevenant ainsi un simple observateur.

L'acte constitutif va généralement prévoir ces situations. Depuis l'échec de la SdN dont le Pacte prévoyait un droit de retrait des États membres, ce dont ils ont largement profité (15 États ont quitté l'organisation, dont l'Allemagne et le Japon en 1935, l'Italie en 1939) ce droit n'est pas toujours reconnu explicitement.

Mais les États membres restant souverains, il est difficile de les empêcher de quitter l'organisation. Ainsi, la Charte des Nations unies ne prévoit pas de droit de retrait, mais n'a pu retenir l'Indonésie qui avait préféré quitter l'organisation en 1965, pour y revenir un an plus tard il est vrai, et sans procédure de réadmission, ce départ étant qualifié de simple cessation de coopération.

Les sanctions relatives à la qualité de membre sont quant à elle peu mises en œuvre au sein des organisations internationales. La Charte des Nations unies prévoit la possibilité d'exclure un État qui enfreindrait de manière persistante les principes énoncés dans ce texte (art. 6) : elle n'a jamais été utilisée. Si ce type de sanction est peu utilisé, c'est essentiellement pour ne pas marginaliser l'État en cause et pour permettre à l'organisation de tenter de le ramener à de meilleures dispositions.

c) La disparition de l'organisation

L'organisation peut aussi être appelée à disparaître**, **soit pour être remplacée par une autre, soit pour s'éteindre complètement si elle a perdu toute utilité. Dans le premier cas, l'organisation pourra transférer ses compétences à son successeur (transformation de l'OECE en l'OCDE). Dans le second cas l'organisation est purement et simplement dissoute, comme les anciennes organisations d'États socialistes telles que le Pacte de Varsovie.

3 Les organes

■ *Classification*

La ***structure interne*** des organisations internationales est variable. On peut cependant classer les organes selon des critères communs. On peut distinguer les organes selon :

– leur statut :
  - ***principaux*** : ils sont créés par le traité constitutif,
  - ***subsidiaires*** : ils sont créés par les organes principaux. La Charte des Nations unies autorise de telles créations (art. 7 § 2) : c'est ainsi que l'on compte outre les six organes principaux plusieurs organes subsidiaires comme la Commission du Droit International ou le Tribunal Administratif des Nations unies ;

– la participation de leurs membres :
  - ***pléniers*** : ils accueillent des délégations de tous les États membres, par exemple l'AGNU,
  - ***restreints*** : ils n'admettent qu'une partie des membres, élus en général par les organes pléniers, souvent sur la base d'une représentation géographique équitable (pour les organisations universelles). Par exemple : le Conseil de sécurité de l'ONU ;

– leur composition :
  - ***interétatiques*** : ils sont composés de délégations des États membres qui agissent au nom de leur État, par exemple l'AGNU,
  - ***composés de fonctionnaires de l'organisation*** qui sont indépendants des États et agissant pour le compte de l'organisation. Par exemple les secrétariats,
  - On peut aussi citer un troisième type d'organes plus rares qui sont les ***assemblées parlementaires*** comme l'Assemblée du Conseil de l'Europe ;

– leurs fonctions :
  - ***délibérants*** : ils adoptent les textes et définissent les orientations de l'organisation, par exemple l'AGNU,

- ***administratifs*** : ils exercent une fonction d'exécution : ce sont souvent des secrétariats,
- ***juridictionnels*** : ils assurent une fonction de règlement des litiges, comme la Cour internationale de justice ou la Cour de justice de l'Union européenne.

■ *Les techniques de vote*

C'est l'acte constitutif qui décide des modes de votation dans les différents organes. En général, dans les organes délibérants, la règle qui prévaut est celle de l'égalité des États : ***un État, une voix*** (comme à l'Assemblée générale des Nations unies). Pour les organes restreints ou pour certaines organisations, à vocation économique par exemple (Fonds Monétaire International...), il peut y avoir une pondération des voix (tous les États ne disposent pas du même nombre de voix) selon l'importance économique ou politique des États.

C'est le vote à la majorité qui est le plus souvent choisi, cette majorité pouvant différer selon les organes mais aussi selon l'importance des questions traitées (Charte de l'ONU, art. 18). Le principe du vote à l'unanimité a été généralement abandonné, notamment à la suite de l'échec de la Société des Nations ; en effet, cette technique permet à chaque État de disposer d'un véritable droit de veto. La technique du consensus permet quant à elle l'adoption d'une décision sans vote, c'est-à-dire sans opposition déclarée. Le résultat est un texte de compromis accepté par tous les membres mais basé sur le plus petit dénominateur commun. Cette technique est très utilisée aux Nations unies.

4 La personnalité juridique

Contrairement aux États qui sont des sujets originaires de Droit international, les organisations internationales sont des ***sujets dérivés*** du Droit international. En effet, elles sont créées titulaires de droits et d'obligations, par la volonté des États.

Elles disposent cependant de ***la personnalité juridique internationale***. La CIJ, dans un avis (*Réparation des dommages subis au service des Nations unies, 1949*), a estimé que « les sujets de droit dans un système juridique, ne sont pas nécessairement identiques quant à leur nature ou l'étendue de leurs droits... l'organisation est un sujet de droit international, qu'elle a la capacité d'être titulaire de droits et devoirs internationaux... ». Cette personnalité a été reconnue par la suite à toutes les organisations internationales selon les dispositions de leur acte constitutif. C'est ainsi que le traité UE indique que l'Union européenne dispose de la personnalité juridique. Par analogie, ce raisonnement peut s'appliquer à toutes les organisations internationales. Les organisations disposent aussi de la personnalité juridique interne, c'est-à-dire qu'elles peuvent exercer des droits sur le territoire des États membres (contracter, ester en justice...).

La personnalité juridique de l'organisation a un caractère fonctionnel, elle est limitée par le principe de spécialité, c'est-à-dire que ***l'organisation ne peut exercer ses droits que dans la limite des buts qui lui sont assignés par l'acte constitutif***.

5 Les compétences et moyens de l'organisation

■ *Des compétences limitées*

a) La délimitation des compétences

Les ***compétences de l'organisation sont délimitées par l'acte constitutif et en application du principe de spécialité : l'organisation ne peut agir que dans les domaines ainsi désignés, elle ne dispose donc que de compétences d'attribution***. Cependant, la tendance est à l'élargissement de ces compétences, suivant la théorie des pouvoirs (ou compétences) implicites. Cette théorie est développée par la CIJ, dans l'avis précité de 1949 : « selon le Droit international, l'Organisation doit être considérée comme possédant ces pouvoirs qui, s'ils ne sont expressément énoncés dans la Charte, sont par une conséquence nécessaire, conférés à l'Organisation, en tant qu'essentiels à l'exercice des fonctions de celle-ci ». Il s'agit donc d'une extension des pouvoirs de l'organisation en application des buts et objets du traité constitutif de l'organisation. L'idée est de permettre à l'organisation de mener à bien sa tâche, mais sans modifier les pouvoirs qui lui ont été expressément donnés.

b) La diversité des compétences

L'organisation peut remplir diverses fonctions :

- ***elle peut exercer des fonctions normatives***, c'est-à-dire participer à la formation de normes de Droit international. Toutes les organisations internationales exercent ces compétences, ce qui comprend l'adoption de textes mais aussi le fait de favoriser l'adoption de traités internationaux et d'y adhérer. Les actes des organisations internationales se rapportent au fonctionnement interne de l'institution ou bien à ses activités, à ses compétences opérationnelles ;
- ***elle peut exercer des missions opérationnelles***, c'est-à-dire « sur le terrain » : assistance économique ou autre, fonctions de médiation lors d'un conflit, contrôle de la régularité d'opérations électorales… ;
- ***elle peut aussi avoir des compétences de contrôle et de sanction sur les États membres***. Ce pouvoir est plus ou moins important selon les organisations. Le pouvoir de contrôle est notamment développé dans les organisations techniques : c'est le cas de l'OIT (Organisation Internationale du Travail), qui a une procédure de contrôle très poussée avec, si besoin,

intervention d'une commission d'enquête. De même, le contrôle se développe dans le cadre de la protection internationale des droits de l'Homme. Quant aux procédures permettant de sanctionner les États membres, certaines ont déjà été évoquées, comme l'exclusion ou les sanctions privatives du droit de siéger ou de voter.

■ *Des moyens différents*

a) L'accord de siège

C'est l'accord signé entre l'organisation et l'État sur le territoire duquel elle s'établit. ***L'accord permet notamment d'établir les compétences de l'organisation dans cet État, les immunités des fonctionnaires, et les conditions d'établissement de l'organisation***.

b) Le personnel

Le personnel est principalement composé de ***fonctionnaires internationaux***, mais aussi d'***agents contractuels*** (experts...). L'effectif total des fonctionnaires du seul secrétariat général de l'ONU est d'environ 41 000 personnes, permanents et contractuels.

Ces agents ne doivent pas être confondus avec les agents des missions diplomatiques des États accréditées auprès de l'organisation (à l'AGNU par exemple).

Ces ***fonctionnaires ont*** certaines ***obligations*** : se consacrer exclusivement à leur activité dans l'organisation, et être indépendants des États membres, donc n'accepter aucune instruction d'aucun gouvernement ou autorité extérieure (Charte de l'ONU, art. 100) ; enfin, ils ont une obligation de loyauté vis-à-vis de l'organisation.

Ces fonctionnaires, tout comme l'organisation elle-même, ***bénéficient des privilèges et immunités qui leur sont nécessaires pour exercer leurs fonctions en toute indépendance*** : ils sont généralement définis dans l'accord de siège. Les organisations peuvent se voir, par exemple, accorder l'inviolabilité de leurs locaux, une immunité de juridiction. Les fonctionnaires peuvent selon les cas jouir de privilèges fiscaux ou d'immunités de juridiction pour les actes accomplis dans l'exercice de leurs fonctions. Ces fonctions ne sont pas dénuées de risque : meurtres, et enlèvements dans les pays en crise ne sont plus exceptionnels.

c) Les finances

Les organisations internationales disposent d'une ***autonomie financière qui doit garantir leur indépendance vis-à-vis des États membres***. Pour information, le budget de l'ONU pour 2022 est de 3,12 milliards de dollars (hors opérations de maintien de la paix).

La principale ressource provient souvent des contributions des États membres, qui sont en général proportionnelles au revenu national. C'est ainsi que les États-Unis versent 22 % du budget de l'ONU, la France environ 6 %, les membres les plus pauvres 0,001 %. Le non-paiement de leur cotisation par les États membres (surtout de la part des plus gros contributeurs) pose bien entendu un problème vital à l'ONU.

Mais les organisations ont aussi des ressources propres ; c'est le cas de l'Union européenne, pour laquelle TVA, droits de douane, représentent des rentrées importantes à côté de la contribution calculée sur le revenu national brut de chaque État membre, (le budget 2022 s'élève à environ 170,6 milliards d'euros).

Les dépenses des organisations internationales ont tendance à augmenter, ce qui pose des problèmes de budget. Il y a deux catégories de dépenses : les frais de fonctionnement administratif (personnel, entretien des locaux, traductions...) et les frais occasionnés par les activités opérationnelles. L'ONU œuvre à diminuer ses dépenses administratives, mais les nombreuses opérations de maintien de la paix sont de plus en plus onéreuses (elles font l'objet d'un budget séparé).

ONU : *organisation générale simplifiée*

<table>
<tr><th colspan="6">Organes principaux</th></tr>
<tr><th>Assemblée générale</th><th>Conseil de sécurité</th><th>Conseil économique et social</th><th>Cour internationale de justice</th><th>Secrétariat</th><th>Conseil de tutelle</th></tr>
<tr><td>Organe plénier
Organe de délibération</td><td>Organe restreint
Chargé du maintien de la paix
5 membres permanents : Chine, États-Unis, France, Royaume-Uni et Russie.
Dispose du droit de veto
10 membres élus par l'AG pour 2 ans</td><td rowspan="3">Organe restreint
Coordination des activités économiques et sociales de l'ONU
54 États, élus par l'AG pour 3 ans</td><td rowspan="3">Organe juridictionnel
15 juges, élus pour 9 ans par l'AG et le CS</td><td rowspan="3">Secrétaire général nommé par l'AG sur recommandation du CS pour 5 ans
Secrétaires généraux : Trygve Lie (1946-1952)
Dag Hammarskjöld (1953-1961)
U Thant (1961-1971)
Kurt Waldheim (1972-1981)
Javier Perez de Cuellar (1982-1991)
Boutros Boutros-Ghali (1992-1996)
Kofi Annan (1997-2006)
Ban Ki-moon (2007-2017)
Antonio Guterres (2017-...)</td><td rowspan="3">En sommeil depuis la disparition des derniers territoires sous tutelle</td></tr>
<tr><th colspan="2">Organes subsidiaires</th></tr>
<tr><td>Commission du droit international
Conseil des droits de l'Homme...</td><td>Comités contre le terrorisme
Opérations de maintien de la paix
Mécanisme pour les TPI...</td></tr>
</table>

Chapitre 9

Les ONG et les personnes privées

*Bien que **n'étant pas sujets de Droit international,** les ONG (organisations non gouvernementales) et les personnes privées sont devenues au XXe siècle des acteurs reconnus de la société internationale.*

Les ONG et les personnes privées ont longtemps été ignorées par le Droit international public. Rares sont, par exemple les procédures qui leur permettent d'intervenir directement devant une juridiction internationale. La multiplication des situations d'urgence dans le monde et l'action médiatique des ONG sur le terrain leur a permis de devenir, non pas des sujets de Droit international, mais des acteurs reconnus. Pour ce qui est des individus, la reconnaissance de leur existence par le Droit international public est surtout réelle dans le domaine des droits de l'Homme : la médiation de l'État est encore la règle, mais elle souffre des exceptions.

1 Les organisations non gouvernementales

■ Caractères généraux

a) Définition

Le terme d'ONG est apparu pour la première fois à l'article 71 de la Charte des Nations unies, mais sans définition. On peut définir ***l'ONG comme une association internationale créée par une initiative privée, dont les membres sont des personnes privées ou publiques à l'exclusion des États et qui exerce des activités à buts non lucratifs***.

Malgré des points communs (caractère non gouvernemental et but non lucratif) il n'y a pas d'ONG-type : toutes ces organisations sont différentes, aussi bien dans leurs domaines d'intervention, que dans leurs modes d'action, leur statut, leur taille, leurs moyens...

On dénombre ***plus d'une centaine de domaines d'intervention des ONG***, même si les plus connues interviennent dans le domaine humanitaire (Comité International de la Croix-Rouge,

Médecins sans frontières...), des droits de l'Homme (Amnesty International...), de la protection de l'environnement (Greenpeace...). Les ***ONG sont financées par des dons de particuliers mais aussi parfois par des subventions de personnes publiques*** (États, organisations internationales...). Certaines comptent des millions d'adhérents, d'autres seulement quelques centaines.

b) Importance

Parmi ces ***ONG*** (environ 30 000 aujourd'hui), plusieurs ont réussi à s'imposer au niveau international, et ***peuvent négocier avec les États et les organisations internationales***, alors que d'autres ne fonctionnent qu'au niveau national. Le Comité International de la Croix-Rouge, par exemple, est désormais considéré par les États comme un « auxiliaire » qui rend un service public international, et il joue un rôle primordial dans l'application des Conventions de Genève et de l'ensemble du droit humanitaire (v. Chapitre 12).

Les ONG peuvent être constituées d'institutions nationales très intégrées, avec un siège qui dispose d'un véritable pouvoir sur ces organisations nationales, mais elles peuvent aussi être constituées d'organisations indépendantes liées simplement par un nom et des principes communs.

Enfin, elles ont différents modes d'action : l'action directe sur le terrain (soins médicaux...), le financement en « sous-traitance » d'organisations locales, la médiatisation et l'éducation (droits de l'Homme...), l'action voire le *lobbying* auprès des États et des Organisations internationales.

Le rôle joué par les ONG s'est considérablement développé depuis cinquante ans avec des conséquences le plus souvent positives. Leur influence s'est renforcée, ce qui est notamment visible lors de la tenue des forums ou grandes conférences des Nations unies où des forums parallèles sont souvent mis en place pour les organisations non gouvernementales. Leur activité de *lobbying* n'est pas négligeable. Le point négatif est que certains États ont compris ce rôle essentiel des ONG et ont permis la création de telles organisations, dont l'indépendance est contestable et qui servent de relais aux volontés étatiques. Ceci constitue alors bien évidemment une déviation de la notion même d'ONG.

■ *Statut*

a) La reconnaissance internationale

Juridiquement, les ONG, même à portée internationale, sont créées au sein des États, c'est-à-dire que leur statut dépend de la législation de l'État de création : par exemple, en France, elles sont soumises à la loi de 1901 sur les associations.

Il n'existe pas pour l'instant de statut international des ONG. Seul le Conseil de l'Europe a été à l'origine de l'adoption en 1986 de la convention de Strasbourg sur la reconnaissance de la personnalité juridique des organisations internationales non gouvernementales. Elle est entrée en vigueur le 1er janvier 1991 et a été ratifiée par douze États, dont la France en 1999. Cette convention prévoit une reconnaissance de la personnalité juridique des ONG internationales sur le territoire de toutes les parties à la convention, si ces ONG remplissent certaines conditions : un but non lucratif, avoir été créées par un acte relevant du droit interne d'une partie, exercer une activité effective dans au moins deux parties, et avoir leur siège sur le territoire d'une partie. Elle a été complétée en 2002 par des principes fondamentaux sur le statut des organisations non gouvernementales en Europe et en 2007 par la Recommandation CM/Rec(2007)14 du Comité des Ministres aux États membres sur le statut juridique des organisations non gouvernementales en Europe, deux textes non contraignants.

b) Le statut consultatif

La Charte de l'ONU prévoit en son article 71 une consultation possible des ONG par le Conseil Économique et Social (CES), et on retrouve la même disposition pour certaines organisations de la famille des Nations unies (OIT...). Mais le mode de coopération le plus courant est la possibilité pour les ONG d'avoir un statut consultatif. Dans le cadre de l'ONU, environ 3 500 ONG bénéficient de ce statut auprès du CES. Ces ONG peuvent être représentées au CES par des observateurs et elles peuvent lui soumettre des questions écrites.

Les ONG peuvent aussi être invitées à participer aux travaux des grands sommets onusiens (par exemple celui de Rio en 1992 sur l'environnement...). Elles constituent même à cette occasion une conférence parallèle au sommet « officiel » : le sommet des ONG. Elles jouent alors un rôle de conseil et de réflexion primordial.

Les ONG disposant d'un statut participatif auprès du Conseil de l'Europe sont réunies au sein de la Conférence des OING (Organisations Internationales Non Gouvernementales) qui se réunit 4 fois par an, afin de décider des orientations politiques, programmes d'actions, prises de position sur les questions de fond et de représenter la société civile au Conseil de l'Europe. La Conférence est à l'origine d'un Code de bonne pratique sur la participation civile au processus décisionnel, qui a pour but de « concourir à la création d'un environnement favorable aux ONG dans les États membres du Conseil de l'Europe » et d'être « un outil utile et efficace dans leur dialogue avec les parlements, gouvernements et pouvoirs publics ».

2 Les individus : la protection internationale des droits de la personne humaine

Les droits de la personne humaine (appelés le plus souvent, « droits de l'Homme » ou « droits fondamentaux ») sont des ***droits inhérents à la personne humaine***. Ces droits peuvent être individuels (droit à la vie...) ou collectifs (droit des peuples à disposer d'eux-mêmes...).

Ils sont considérés comme universels (universalité reconnue par exemple dans la Déclaration Universelle des droits de l'Homme de 1948 ou par la Charte des Nations unies à l'article 55), même si plusieurs de ces droits sont contestés par certains pays (par exemple par certains pays musulmans pour lesquels ces droits doivent être interprétés en fonction du Coran).

Les premiers droits de la personne humaine juridiquement reconnus sont les droits de la personne et les droits civils fondamentaux, puis viennent les droits civils et politiques. Les droits économiques, sociaux et culturels (droit de grève, droit à l'éducation...) sont souvent plus contestés. Enfin, une « troisième génération » de droits de la personne humaine, « des droits de solidarité » – comme le droit à un environnement sain – fait l'objet de revendications.

■ *La protection universelle*

a) Les textes

C'est la Charte des Nations unies qui a posé les premiers fondements de la protection internationale des droits de l'Homme après la Seconde Guerre mondiale, en l'érigeant, selon son préambule, en un des devoirs primordiaux des États. Si la Charte ne prévoit pas précisément quels sont les droits devant être ainsi protégés, elle énonce à l'article 55 c) l'obligation pour les États de favoriser le respect effectif et universel des droits de l'Homme.

La Charte ne pose donc qu'un principe général de respect de ces droits, et c'est la ***Déclaration Universelle des Droits de l'Homme*** qui les énonce et les détaille. La Déclaration a été adoptée sous la forme juridique d'une résolution de l'Assemblée générale, dépourvue de toute force obligatoire ou contraignante, comme son titre l'indique.

Ce sont d'autres textes qui créent des obligations à la charge des États : les Pactes (Pacte relatif aux droits civils et politiques et Pacte relatif aux droits économiques, sociaux et culturels) adoptés le 16 décembre 1966 mais n'entrant en vigueur qu'en 1976. Ils n'ont été ratifiés par la France que le 4 novembre 1980. La Déclaration et les Pactes forment ensemble la Charte internationale des droits de l'Homme. Elle a été complétée par de nombreuses déclarations et conventions adoptées dans le cadre des Nations unies, on peut citer à ce titre : la Convention pour la répression de la traite des êtres humains (1949), la Convention sur l'élimination de toutes les formes de discrimination raciale (1965), la Convention contre la torture et autres peines ou traitements cruels, inhumains ou dégradants (1984), la Convention relative aux droits de l'enfant (1989), complétée par deux protocoles portant sur l'implication des enfants dans les conflits armés et sur la vente d'enfants, la prostitution des enfants et la pornographie mettant en scène des enfants.

b) Le contrôle

Plusieurs de ces conventions prévoient la mise en place d'un système conventionnel de protection des droits de l'Homme : des comités sont chargés de veiller au respect des obligations des traités par les États membres, comme le Comité des droits de l'Homme pour le Pacte relatif aux droits civils et politiques ou le Comité des droits de l'enfant pour la convention du même nom.

Tous ces comités sont composés d'experts indépendants et tous exercent une surveillance sur les États par le biais de rapports (portant sur la législation, la réglementation, la pratique nationale...) que ces derniers sont tenus d'établir. Pendant l'examen du rapport, le Comité peut demander des précisions à un État. Le Comité émet ensuite des avis non contraignants, le système des rapports étant basé sur le « dialogue constructif » et la bonne foi des États.

Le ***Comité des droits de l'Homme*** (Pacte relatif aux droits civils et politiques), composé de 18 experts indépendants, est principalement chargé d'examiner les rapports rendus par les États. Singularité de ce Comité, le premier Protocole facultatif lui permet d'examiner les communications (plaintes) émanant de particuliers relevant de la juridiction d'un État partie au protocole. Si la communication est recevable, le Comité peut présenter une constatation à l'État mis en cause. Par une décision de 1994, le Comité a affirmé que l'État est alors tenu de prendre les mesures appropriées pour donner un effet juridique à la constatation.

Le premier Protocole a été adopté et est entré en vigueur aux mêmes dates que le Pacte ; le deuxième Protocole facultatif visant à abolir la peine de mort a quant à lui été adopté le 15 décembre 1989 et est entré en vigueur le 11 juillet 1991. Il est entré en vigueur en France, après ratification, le 2 janvier 2008.

La Charte des Nations unies ne prévoyait pas d'organe spécifique chargé de contrôler ou sanctionner le respect des droits de l'Homme, mais son article 68 a permis au Conseil Économique et Social de créer des commissions permanentes pour l'aider dans sa tâche. C'est ainsi qu'a été créée la Commission des droits de l'Homme en 1946. Elle était chargée d'étudier les problèmes des droits de l'Homme, de développer et codifier des normes internationales et de veiller au respect des droits de l'Homme dans le monde. Largement discréditée (plusieurs pays bien connus pour leurs violations des droits de l'Homme en étaient membres), la Commission a été remplacée en 2006 par le ***Conseil des droits de l'Homme.*** Ce dernier a lui aussi fait l'objet de vives critiques en 2015, lorsque l'Arabie saoudite a été nommée à la tête du groupe consultatif au moment même où était prévue dans ce pays la décapitation d'un jeune opposant au régime. Le Conseil des droits de l'Homme est un organe subsidiaire de l'Assemblée générale ; il comprend 47 États membres élus selon une représentation géographique équitable et en prenant en compte leur contribution à la promotion des droits de l'Homme et leurs engagements dans ce domaine exprimés avant l'élection. Le Conseil se réunit chaque année pour au moins 10 semaines. Il peut adresser des recommandations et un système d'examen périodique universel (EPU) permettant d'évaluer le respect des droits de l'Homme par chaque pays, a été établi. Ce mécanisme est considéré, comme étant « l'une des innovations les plus significatives du Conseil » (AGNU, AG/10879).

Les procédures spéciales permettent quant à elles de traiter d'une question spécifique ou de la situation d'un pays. La procédure 1503 lui permet d'examiner des plaintes confidentielles émanant de particuliers puis, éventuellement d'adresser une recommandation à l'État mis en cause s'il constate des violations flagrantes et systématiques des droits de l'Homme.

c) Une priorité pour l'ONU

À la suite de la Conférence mondiale sur les droits de l'Homme de 1993 et à l'adoption d'une Déclaration et d'un programme d'action (documents de référence pour la politique à venir en matière de droits de l'Homme), un poste de Haut-Commissaire des Nations unies aux droits de l'Homme a été créé (RES.48/141 AGNU). Celui-ci est notamment chargé de « promouvoir et protéger la jouissance effective par tous de tous les droits civils, culturels, économiques, politiques et sociaux », d'aider à l'élaboration de nouvelles normes et d'intervenir en cas de violation grave des droits de l'Homme.

La « Déclaration du Millénaire » (A/res/55/2) adoptée par l'Assemblée Générale des Nations unies le 8 septembre 2000, a permis aux chefs d'État et de Gouvernements réunis à cette occasion de définir les valeurs communes pour les relations internationales du XXIe siècle et d'exposer des objectifs à valeur particulière, parmi lesquels les droits de l'Homme. Ils se sont donc engagés (moralement) à n'épargner aucun effort pour promouvoir le respect des droits de l'Homme.

■ *La protection régionale*

a) Les textes

La protection des droits de l'Homme est aussi assurée au niveau régional par un certain nombre de conventions, dans le but de renforcer la portée des principes : Charte africaine des droits de l'Homme et des peuples (1981) avec la Cour africaine des droits de l'Homme et des peuples établie en 2005 ; Déclaration américaine des droits et devoirs de l'Homme (1948, non contraignante)...

Mais c'est la ***Convention de sauvegarde des droits de l'Homme et des libertés fondamentales*** du 4 janvier 1950 (CEDH), adoptée dans le cadre du Conseil de l'Europe, qui permet le meilleur contrôle du respect des droits humains. Elle est complétée par quatorze protocoles, certains complétant les dispositions de la convention, d'autres ayant uniquement une portée procédurale. Tous ne sont pas encore entrés en vigueur, faute d'un nombre suffisant de ratifications. La France n'a ratifié la Convention qu'en 1974.

La Convention protège les droits civils et politiques : droit à la vie, interdiction de la torture, droit au mariage, liberté de conscience, droit à un procès équitable... Sont visés également des droits relatifs au travail et à la liberté syndicale notamment.

Le Conseil de l'Europe a aussi permis l'adoption d'autres textes : la Charte sociale européenne (1961) et la Charte sociale européenne révisée (1996), la Convention européenne pour la prévention de la torture (1987), ou la Convention-cadre pour la protection des minorités nationales (1994).

b) Les recours devant la CEDH

La ***Cour européenne des droits de l'Homme*** (CEDH) est chargée du contrôle du respect par les États parties des obligations édictées par la Convention européenne des droits de l'Homme. Les juges (un par État membre – 47 juges) sont élus par l'Assemblée parlementaire du Conseil de l'Europe sur proposition des États. Ils sont élus pour 9 ans non renouvelables et doivent exercer leurs fonctions en toute indépendance. La saisine de la Cour peut être le fait d'un État partie ou d'un particulier, ONG, ou groupe d'individus se prétendant ***victimes*** d'une violation des droits protégés par la Convention et ayant épuisé les voies de recours internes.

Cette dernière règle souffre des exceptions lorsque l'accès à la justice est impossible pour la victime ou qu'elle peut démontrer une pratique de l'État qui le rend ineffectif. Le recours devant la cour doit être déposé dans un délai de 6 mois suivant la dernière décision de justice. La qualité de ***victime*** est fondamentale pour l'accès à la procédure, excepté pour les recours étatiques. Le recours ne peut être dirigé que contre un État partie à la Convention et ne peut porter que sur un ***droit protégé*** par la Convention ou ses protocoles.

Après examen de la recevabilité de la requête par un juge unique ou un comité de 3 juges, l'affaire recevable est portée devant une chambre de 7 juges (la Grande Chambre – 17 juges – peut être saisie notamment si l'affaire soulève une question grave relative à l'interprétation de la Convention). Les affaires urgentes (risques pour la vie notamment) sont traitées en priorité. La Cour rend un arrêt.

Plusieurs réformes ont été menées afin de garantir l'efficacité de la Cour qui a une charge de travail de plus en plus importante. Sur ce point, l'adoption du protocole 14 entré en vigueur en

2011 n'a pas été suffisante, et le protocole 15 adopté en 2013 (non entré en vigueur) réduira notamment le délai de saisine de la Cour de 6 à 4 mois.

Les modalités de saisine de la Cour ont été aussi encadrées. Ces réformes visent notamment à diminuer le nombre de requêtes manifestement infondées ou abusives. En 2021, la Cour a rendu 1 105 arrêts pour 3131 requêtes (un arrêt peut concerner plusieurs requêtes ; v. Rapport annuel 2021 de la Cour : (*https://www.echr.coe.int/Documents/Facts_Figures_2021_FRA.pdf*) et a rendu 39 190 décisions d'irrecevabilité ou de radiation. Concernant la France ce sont en 2020, 764 requêtes qui ont été attribuées à une formation de la Cour et 23 arrêts ont été rendus. Par ex. dans l'affaire N.H. et autres c. France (*requête n° 28820/13 et a., 2 juill. 2020*), la France a été condamnée pour *les conditions d'existence inhumaines et dégradantes* de demandeurs d'asile vivant dans la rue.

Les arrêts ont l'autorité de la chose jugée, mais une autorité relative puisque l'arrêt ne s'applique qu'aux États en cause. L'arrêt est donc obligatoire pour l'État condamné, qui doit prendre toute mesure pour faire cesser la violation des droits protégés par la Convention qui a justifié sa condamnation. La cour peut aussi condamner l'État à verser des indemnités aux victimes (appelée « satisfaction équitable » à l'article 50 ; v. l'arrêt sus-cité).

C'est le Comité des ministres qui est chargé de veiller à l'exécution de l'arrêt, sans toutefois disposer d'un pouvoir de sanction. Si le Comité des ministres constate que l'État ne prend pas les mesures nécessaires pour se conformer à l'arrêt de la Cour, il pourra après mise en demeure, saisir la Cour de ce manquement. La Cour pourra alors renvoyer l'affaire au Comité des ministres qui examinera les mesures à prendre. À noter que les arrêts de la CEDH sont le plus souvent appliqués par les États.

Le protocole 16 adopté en octobre 2013 entré en vigueur le 1er août 2018 prévoit la possibilité pour la Cour de rendre des avis consultatifs sur des questions de principe relatives à l'interprétation ou à l'application des droits et libertés définis par la Convention ou ses protocoles. Seules les plus hautes juridictions des États membres ayant accepté le protocole pourront saisir la Cour. Ces avis seront non contraignants.

3 La responsabilité pénale des individus en droit international

La responsabilité des individus agissant au nom de l'État a été mise en cause pour la première fois à l'époque contemporaine devant le Tribunal de Nuremberg. Dès les années 1950, l'ONU a tenté de définir le statut d'une Cour pénale internationale, mais sans succès. C'est avec la création de deux tribunaux *ad hoc* concernant uniquement les exactions commises en ex-Yougoslavie et au Rwanda puis de la Cour pénale internationale que cette idée a été concrétisée.

On doit donc différencier les TPI (Tribunaux pénaux internationaux) de la CPI (Cour pénale internationale).

Les Tribunaux pénaux internationaux

Tribunaux pénaux internationaux	**Tribunal pénal international pour l'ex-Yougoslavie (TPIY) http://www.icty.org/**	**Tribunal pénal international pour le Rwanda (TPIR) http://www.unictr.org/**
Création	Résolution du Conseil de sécurité 827 (1993), en application du Chapitre VII de la Charte NU	Résolution du Conseil de sécurité 995 (1994), en application du Chapitre VII de la Charte NU.
Statut	Tribunal *ad hoc* : juger de faits précis. Tribunal appelé à disparaître dès la fin de sa mission.	
Compétence matérielle	Crimes contre l'humanité, génocide et crimes de guerre.	
Compétence personnelle	Personnes physiques, quel que soit leur degré de participation dans le crime et sans qu'aucune immunité (chef d'État...) ne soit acceptée	
Compétence territoriale	Crimes commis sur les territoires de l'ex-Yougoslavie à compter de 1991, (conflit interne à la suite de l'éclatement de la Yougoslavie).	Crimes commis sur le territoire du Rwanda et des pays voisins si les crimes ont été commis par des Rwandais dans l'année 1994, (génocide qui a fait environ 1 million de morts en 1994).
Bilan	90 personnes condamnées.	62 personnes condamnées.
Cessation des fonctions	2017	2015
Remplacement	Mécanisme international pour les tribunaux internationaux (MTPI). *https://www.irmct.org/fr*	

Le ***Mécanisme international pour les tribunaux internationaux (MTPI)*** exerce les fonctions résiduelles de ces deux TPI : recherche et jugement des fugitifs, procédures d'appel et en révision, contrôle de l'exécution des peines... [S/RES/1966 (2010)].

Trois tribunaux spéciaux ont été créés sur un modèle différent pour le Liban, le Cambodge et la Sierra Leone :

- le Conseil de sécurité, a adopté un accord entre l'ONU et le Liban pour la création d'un ***tribunal spécial pour le Liban*** (TSL, *http://www.stl-tsl.org/fr/*), lequel a reçu compétence à l'égard des personnes responsables de l'attentat du 14 février 2005 qui a entraîné la mort de l'ancien Premier ministre libanais Rafic Hariri. La compétence de ce tribunal inauguré en mars 2009 et qui siège à La Haye (Pays-Bas), prime celle des tribunaux libanais et il applique les dispositions du Code pénal libanais. Il a compétence pour juger notamment les crimes de terrorisme ;
- le ***tribunal spécial pour le Cambodge*** (environ 1,7 million de morts sous le régime Khmer rouge entre 1975 et 1979) est en fait constitué de chambres extraordinaires au sein des tribunaux cambodgiens qui bénéficient de l'aide de l'ONU (https://www.eccc.gov.kh/fr ; http://www.unakrt-online.org/) ;
- le ***tribunal spécial pour la Sierra Leone*** a cessé ses fonctions en décembre 2013.

■ La Cour pénale internationale

La Cour pénale internationale est – contrairement aux Tribunaux pénaux internationaux – ***la première juridiction permanente*** de ce type. Elle a été créée par l'adoption du statut de Rome le 17 juillet 1998 (amendé en 2010) lors d'une conférence diplomatique. Le Statut est entré en vigueur le 1er juillet 2002 (ratifié par la France le 9 juin 2000, après la révision constitutionnelle du 8 juillet 1999). La CPI est une organisation internationale indépendante, administrée par l'assemblée des États membres (États qui ont ratifié le Statut : 123). Les États-Unis n'en font pas partie.

La Cour est composée de la présidence, de chambres, du bureau, du procureur et du greffe. Elle est compétente pour les mêmes crimes que les TPI. Elle ne peut juger que des personnes physiques, (aucune immunité n'étant acceptée). Ne relèvent de sa compétence que les crimes commis à compter du 1er juillet 2002 (après l'entrée en vigueur du statut). La compétence de la CPI n'est que ***complémentaire*** de celle des juridictions nationales, c'est-à-dire uniquement si l'État concerné ne peut pas ou ne souhaite pas faire juger les personnes incriminées.

Concernant la compétence personnelle de la Cour, certaines difficultés se posent. En effet, la procédure peut être lancée par le CSNU, et dans cette hypothèse la Cour est toujours compétente, ou bien par un État ou par le procureur. Dans ce cas, la Cour n'est compétente que si est partie au statut l'État sur le territoire duquel le comportement s'est produit ou dont la personne accusée du crime est le national. Ce qui signifie que certains crimes peuvent échapper en toute légalité à la compétence de la CPI. La peine la plus lourde pouvant être infligée par la Cour est la prison à vie.

La CPI a été saisie de 28 affaires qui portent par exemple sur des *situations* en Ouganda, en République démocratique du Congo et en République centrafricaine, pour lesquelles elle a été saisie par les États parties. Elle a été saisie par le CSNU de la situation au Darfour (Soudan), ainsi que pour la Libye en 2011 et elle a été saisie par le procureur pour le Kenya, la Côte d'Ivoire et le Mali. La CPI a rendu son 1er jugement en 2012. Thomas Lubanga, ancien chef de milice en République démocratique du Congo, a été déclaré coupable de crimes de guerre pour avoir enrôlé de force des enfants pour participer à des combats lors de la guerre civile ; il a été condamné à 14 ans d'emprisonnement. Elle a prononcé 8 condamnations et 4 acquittements.

PARTIE 3 Les relations internationales

Chapitre 10

La responsabilité des États

La responsabilité internationale peut être mise en œuvre sous certaines conditions lorsqu'un sujet de Droit international (État ou organisation intergouvernementale) cause un dommage à un autre sujet de Droit international.

Le Droit international de la responsabilité des États est né au XIXe siècle et est encore très largement coutumier. La CPJI dans son arrêt *Usine de Chorsow* de 1928 affirmait que « c'est un principe du Droit international [...] que toute violation d'un engagement comporte l'obligation de réparer ». La Commission du Droit International (CDI) a commencé à travailler sur la question de la responsabilité des États en 1956. Cette étude a abouti en 2001 à l'adoption d'un projet de texte portant sur « La responsabilité de l'État pour fait internationalement illicite ». Ce projet a été approuvé en 2001 par l'Assemblée générale dans une résolution 56/83, et a fait l'objet de nouvelles discussions notamment en 2010 et 2013 mais sans arriver à un accord sur la suite à donner. Il est vrai que c'est un sujet sensible pour les États. Toutefois, l'ambitieux projet de la CDI permet d'éclairer le droit de la responsabilité. La CDI a élaboré un autre projet portant sur la responsabilité des organisations internationales.

1 Le fait générateur

Selon l'article 1 du texte de codification de la Commission de Droit international (CDI), la responsabilité de l'État est engagée pour tout fait internationalement illicite. Le mot « fait » est intentionnellement neutre, il permet en effet d'englober les actes mais aussi les omissions et abstentions des États.

■ *L'origine de la responsabilité*

a) L'illicéité de l'acte

Le « fait » doit être illicite, c'est-à-dire ***être attribuable à l'État en vertu du Droit international et constituer une violation d'une obligation internationale***. Il sera considéré comme illicite au regard du Droit international, même s'il est licite au regard du droit interne des États. La violation du Droit international par un État consiste en un fait qui n'est pas conforme à ce qui est requis de lui en vertu de cette obligation, quelle que soit l'origine ou la nature de celle-ci ; c'est-à-dire que l'illicéité porte aussi bien sur la violation d'une obligation conventionnelle (issue d'un traité), que d'une règle coutumière (*CIJ, 1997, Projet Gabcikovo-Nagymaros* : « il est bien établi que dès lors qu'un État a commis un acte internationalement illicite, sa responsabilité internationale est susceptible d'être engagée, quelle que soit la nature de l'obligation méconnue »). Elle peut aussi résulter d'une abstention fautive (*CIJ, Personnel diplomatique et consulaire des États-Unis à Téhéran).*

Le projet de la CDI prévoit aussi le cas des violations graves par l'État d'une obligation découlant d'une norme de *jus cogens*. La gravité est définie comme dénotant de la part de l'État un manquement flagrant ou systématique à ses obligations internationales.

Le principe actuel reste donc que ***le fait générateur de la responsabilité doit être illicite*** : annexion du Koweït par l'Irak en 1990 en contravention avec la Charte des Nations unies par exemple. Cependant, le développement de certaines activités dangereuses (nucléaire, transports de matières dangereuses...) au XXe siècle, fait en effet peser un risque sur les personnes mais aussi sur l'environnement. Si l'idée d'une responsabilité basée sur le risque n'est en règle générale guère acceptée, elle est prévue par traité dans le domaine nucléaire, ou encore par la Convention sur la responsabilité internationale pour les dommages causés par les engins spatiaux du 29 mars 1972. Son article 2 prévoit que « l'État de lancement a la responsabilité absolue de verser réparation pour le dommage causé par son engin spatial à la surface de la terre ou aux aéronefs en vol ». Il n'est ici fait nulle mention d'une faute. C'est une responsabilité objective.

b) L'auteur de l'acte

Le comportement de tout organe de l'État est considéré comme un fait de l'État, que cet organe exerce des fonctions législatives, exécutives, judiciaires ou autres, quelle que soit sa position ou sa nature dans l'organisation de l'État (en tant qu'organe du gouvernement central ou que collectivité décentralisée). En conséquence, l'État est responsable du fait des activités administratives, comme en cas d'arrestation arbitraire suivie de mauvais traitements d'étrangers ou expulsions arbitraires. Entrent aussi dans cette catégorie, le non-respect des contrats conclus avec des étrangers, ou les actes commis par les autorités militaires en temps de guerre ou de paix (comme dans l'affaire du *Rainbow warrior* conclue par un accord amiable où la France a reconnu sa responsabilité pour les agissements de ses services secrets ; ceux-ci avaient fait exploser un navire de Greenpeace dans le port d'Auckland en 1985). Il est aussi responsable si une loi vient contrer un engagement international de l'État, l'indépendance du Parlement n'étant pas exonératoire de responsabilité. L'État enfin, est responsable du fait de l'activité juridictionnelle, le plus souvent à cause d'un déni de justice, comme lorsque les étrangers n'ont pas accès à certaines juridictions...

En revanche, l'État n'est pas responsable des actes commis par des particuliers ou des groupes de particuliers sauf s'il n'a pas agi pour prévenir ou réprimer ces comportements. Il est alors responsable de sa propre abstention, comme dans l'affaire du *Personnel diplomatique et consulaire des États-Unis à Téhéran* (*CIJ, 1980*).

■ *Les circonstances excluant l'illicéité*

Il s'agit en fait des ***causes d'exonération de responsabilité de l'État***. Cette exonération peut être totale ou partielle. Ces circonstances ne peuvent pas être invoquées lorsque l'État a violé une obligation découlant d'une norme impérative de droit international :

- le ***consentement de la victime*** est exonératoire de la responsabilité c'est-à-dire qu'un État peut renoncer par avance à imputer la responsabilité à l'État responsable. En revanche un particulier ne peut pas renoncer à cette protection puisqu'il n'est pas sujet de droit international ;
- les ***mesures licites de légitimes défenses*** prises en conformité avec la Charte des Nations unies, de même que les contre-mesures prises à raison d'un fait internationalement illicites sont considérées comme excluant la responsabilité de l'État (v. Chapitre 12) ;
- la ***force majeure*** (qui englobe aussi le cas fortuit) est également prise en compte. Elle est constituée s'il y a survenance d'une force irrésistible ou d'un événement extérieur qui échappe au contrôle de l'État, rendant ainsi matériellement impossible l'exécution de son obligation par ce dernier ;
- la ***détresse*** est acceptée si l'État auteur de l'acte illicite n'avait pas raisonnablement d'autre moyen, dans une situation de détresse, de sauver sa vie ou celles des personnes qu'il a la charge de protéger. La détresse tout comme la force majeure est accueillie très restrictivement par la jurisprudence ;
- enfin, l'***état de nécessité*** peut être invoqué si l'acte illicite constituait pour l'État mis en cause le seul moyen de protéger un intérêt essentiel contre un péril grave et imminent. Les conditions de sa mise en jeu sont très restrictives.

Le droit à agir en responsabilité

Selon la jurisprudence *Barcelona Traction* (*CIJ, 1970*), « la responsabilité n'est pas engagée si un simple intérêt est touché ; elle ne l'est que si un droit est violé ». Il faut donc que ce soit un droit juridiquement protégé.

Traditionnellement, seul l'État lésé peut mettre en cause la responsabilité d'un autre État.

Cependant la CIJ dans l'arrêt précité avait distingué les obligations existant entre États (nées d'un traité par ex. – *CIJ, 2014, Chasse à la baleine dans l'Antarctique*), de celles qui naissent « envers la Communauté internationale dans son ensemble ». Dans ce dernier cas, tous les États auraient un intérêt juridique à la protection de ces droits. Parmi ces obligations, on peut citer l'interdiction de l'agression et du génocide... Le texte de codification de la CDI a également prévu la violation grave d'obligations découlant d'une norme de *jus cogens*.

2 Le dommage

Avec l'existence d'un fait internationalement illicite, le dommage est une condition essentielle de la mise en jeu de la responsabilité étatique.

Caractéristiques

a) Conditions relatives au dommage

Pour que le dommage (ou préjudice) puisse être pris en compte, il faut démontrer l'existence d'***un lien de causalité*** entre le fait générateur c'est-à-dire la violation du Droit international par un État et le dommage subi par l'État victime. Ce préjudice doit ***être direct***. Cette démonstration peut être simple : ainsi, il est évident que les destructions causées en territoire koweïtien en 1990 ont pour cause directe l'invasion de ce pays par l'Irak. Elle peut être plus compliquée lorsqu'un enchaînement de faits est à l'origine du dommage ou que ce dernier est dû à une abstention ou à un manque de diligence de l'État responsable, comme dans la première phase de l'affaire du *Personnel diplomatique et consulaire des États-Unis à Téhéran* (*CIJ, 1980*).

Le dommage peut ***être matériel et/ou moral*** (atteinte à l'honneur d'un État, à travers son drapeau par exemple).

b) Conditions portant sur la victime

La victime peut être un ***sujet de Droit international***, c'est-à-dire l'État (ou une organisation internationale). Dans ce cas le dommage est dit immédiat. Si la victime réelle est l'***un de ses***

ressortissants, le dommage est dit médiat. Les particuliers n'étant pas, en effet, sujets de Droit international, ils ne peuvent pas mettre en cause la responsabilité d'un État au niveau international. C'est donc l'État qui doit agir en leur nom, « endosser » le préjudice : « En prenant fait et cause pour l'un des siens, en mettant en action en sa faveur l'action diplomatique ou l'action judiciaire internationale, cet État fait à vrai dire, valoir son droit propre, le droit qu'il a de faire respecter en la personne de ses ressortissants, le Droit international » (*CPJI, 1924, Concessions Mavrommatis en Palestine*).

L'État peut ainsi décider d'exercer sa protection diplomatique vis-à-vis de ses nationaux, cette compétence étant discrétionnaire.

Il ne peut exercer cette protection que pour ses nationaux, à condition que cette nationalité soit effective, donc opposable aux autres États (*CIJ, 1955, Nottebohm*). En cas de double nationalité, l'État ne peut pas agir contre l'autre État dont son ressortissant a aussi la nationalité. Enfin, la victime doit avoir épuisé les voies de recours internes de l'État qu'elle met en cause. En effet, la protection diplomatique ne peut être engagée dans ce cadre que de manière subsidiaire, c'est-à-dire si la victime n'obtient pas satisfaction auprès des juridictions nationales de l'État souverain.

■ *La réparation*

Dans tous les cas, l'État responsable reste engagé par l'obligation de respecter l'obligation violée, il doit aussi ***mettre fin au fait illicite*** et éventuellement offrir des garanties de non-répétition de ce fait, (voir l'arrêt *La Grand* de la CIJ en 2001). Le régime de responsabilité internationale ne vise pas à sanctionner un État mais à ***réparer un dommage***.

Dans l'éventualité d'une violation d'une norme de *jus cogens*, les États doivent coopérer pour y mettre fin et ne peuvent pas reconnaître la situation créée par cette violation.

Dans son arrêt de 1928, *Usine de Chorzow*, la CPJI a estimé que la réparation devait être adéquate et la CDI dans son texte de codification, dispose qu'elle doit être intégrale. Ceci n'exclut donc pas qu'il y existe plusieurs façons de réparer le dommage.

a) La restitution

C'est la remise en état dans la situation antérieure comme si le dommage n'était pas survenu, afin « d'effacer toutes les conséquences de l'acte illicite et rétablir l'état qui aurait vraisemblablement existé, si ledit acte n'avait pas été commis » (*CPJI, 1928, Usine de Chorzow*). C'est la meilleure réparation envisageable ; malheureusement, il est le plus souvent illusoire de croire que la remise en l'état soit possible, la CDI prévoit d'ailleurs que la restitution ne doit pas imposer une charge hors de proportion avec le dommage (*voir par exemple, l'arrêt usines de pâte à papier sur le fleuve Uruguay, CIJ, 2010*).

C'est pourquoi d'autres formules sont proposées.

b) L'indemnisation

C'est le mode de réparation le plus courant et le plus facile à mettre en œuvre.

L'indemnisation est la règle quand le dommage est médiat (causé à un particulier) ; elle est aussi largement utilisée pour les différends entre États. Tout dommage direct peut être indemnisé, qu'il soit matériel ou moral. L'intégralité du préjudice doit être indemnisée (aussi bien la perte, que le manque à gagner...). La valeur du préjudice est prise en compte non pas à la date de survenance, mais à la date de la fixation de l'indemnité.

c) La satisfaction

C'est la meilleure modalité de réparation des dommages moraux. Elle peut être demandée conjointement à la restauration ou à l'indemnisation, ou seule (généralement pour des dommages immédiats). Elle peut consister simplement en la reconnaissance publique (par une cour internationale, ou un tribunal arbitral) de la responsabilité d'un État. De manière plus formelle, ce peut être des excuses solennelles (d'État à État, comme dans l'affaire du *Rainbow warrior* où la France a présenté des excuses à la Nouvelle-Zélande), ou par une cérémonie de salut au drapeau...

La satisfaction a aussi été l'une des solutions adoptées dans l'affaire des « Personnels diplomatique et consulaire des États-Unis à Téhéran » (*CIJ, 1980*) : « la Cour tient que les violations successives et continues par l'Iran des obligations qui lui incombent [...] engagent la responsabilité de l'Iran à l'égard des États-Unis. Une conséquence évidente de cette constatation est que l'État iranien a l'obligation de réparer le préjudice ainsi causé aux États-Unis ».

Dans l'affaire relative à des usines de pâte à papier sur le fleuve Uruguay (*CIJ, 2010*), la Cour a estimé que « la constatation du comportement illicite de l'Uruguay en ce qui concerne ses obligations de nature procédurale constitue en elle-même une mesure de satisfaction pour l'Argentine ».

La CDI, dans son texte de codification, prévoit que ces mesures ne doivent pas être disproportionnées ou prendre une forme humiliante pour l'État responsable.

Chapitre 11

Le règlement des conflits

Parallèlement à l'interdiction du recours à la force, la Charte des Nations unies édicte l'obligation pour les États de régler pacifiquement leurs différends, mais en leur laissant le choix des moyens.

Selon la CPJI, un différend est « un désaccord sur un point de droit ou de fait, une contradiction, une opposition de thèses juridiques ou d'intérêts entre deux personnes » (*Concessions Mavrommatis en Palestine*, 1924).

L'incitation faite aux États de régler pacifiquement leurs différends a été pour la première fois codifiée dans la convention de La Haye pour le règlement des conflits internationaux, du 18 octobre 1907.

Cette obligation se retrouve aujourd'hui dans la Charte des Nations unies (art. 2, § 3 et art. 33) et dans la Déclaration relative aux principes du Droit international touchant les relations amicales et la coopération entre les États du 24 octobre 1970 (résolution votée par l'Assemblée générale).

Les ***États sont libres de choisir le mode de règlement du différend – non juridictionnel ou juridictionnel*** – cité de manière non limitative à l'article 33 de la Charte. Ce mode de règlement – quel qu'il soit – peut être prévu à l'avance par traité, c'est-à-dire que l'État s'engage si un désaccord surgit avec une autre partie à la convention à se soumettre à tel ou tel moyen de règlement.

1 Le règlement non juridictionnel

■ *Le règlement interétatique*

a) La négociation

C'est le ***mode de règlement le plus simple*** : les États en cause acceptent une rencontre entre leurs représentants, dans le but de chercher à régler le différend de bonne foi. Les États « doivent se comporter de telle manière que la négociation ait un sens » (*CIJ, 1969, Plateau Continental de la mer du Nord*). Cette ***négociation peut être bilatérale ou multilatérale***.

b) Les bons offices et la médiation

Ce sont ***deux techniques qui font intervenir des tiers, pour aider à résoudre le désaccord***. Le tiers peut être un État, ou une personnalité (comme le Secrétaire Général des Nations unies qui en 2011 a offert ses bons offices afin de tenter de régler le litige anglo-argentin sur la souveraineté sur les Malouines, 19 ans après le conflit armé qui a opposé les deux pays).

Dans le cadre des bons offices, un tiers vient offrir ses services pour aider les parties à débuter la négociation, notamment en organisant la rencontre. Une fois le contact établi entre les États intéressés, et la négociation commencée, ***le tiers se retire et n'intervient plus***.

Dans le cadre de la médiation, le tiers va plus loin puisqu'il propose en plus une solution sans cependant pouvoir l'imposer. Il peut aussi intervenir tout au long des négociations pour aider les parties à trouver des points d'accord.

c) L'enquête et la conciliation

Ce sont aussi deux techniques assez semblables et qui font intervenir des tiers :

- ***l'enquête*** : permet, avec l'accord des États intéressés – en application du principe de souveraineté –, de charger une commission d'enquête d'établir les faits à l'origine du différend, notamment leurs circonstances, leur nature... La composition de la commission dépend de la volonté des parties. Le rapport rendu par la commission n'a aucune portée obligatoire. En fait, l'enquête est le plus souvent utilisée comme point de départ à l'une des autres modalités de règlement des différends ;
- ***la conciliation permet d'aller plus loin*** : comme précédemment, la commission de conciliation commence par une enquête portant sur les faits, mais en se basant sur ces faits elle va proposer une solution, non obligatoire pour les États en litige.

■ *Le règlement dans le cadre d'une organisation internationale*

a) L'ONU

C'est le chapitre VI de la Charte qui traite du règlement pacifique des différends.

L'article 24 dispose que le Conseil de Sécurité a « la responsabilité principale du maintien de la paix et de la sécurité internationale », mais l'Assemblée Générale et le Secrétaire Général des Nations unies peuvent aussi jouer un rôle important.

En application de l'article 33, ***les États doivent chercher à régler leurs différends par tout moyen pacifique de leur choix***; ils peuvent d'ailleurs y être invités par le Conseil de Sécurité, qui selon l'article 34 peut aussi enquêter sur tout différend ou situation pouvant menacer le maintien de la paix. L'attention du Conseil de Sécurité peut d'ailleurs être attirée sur ce différend par tout État membre ou non des Nations unies (art. 35). À tout moment, il peut donc recommander les mesures appropriées, compte tenu du fait que les parties doivent lui soumettre le différend si elles ne peuvent pas le régler elles-mêmes (art. 36 et 37).

L'article 34 opère une distinction entre différend et situation, mais sans en définir le sens. Pour une partie de la doctrine les deux termes sont synonymes, la nuance peut porter sur le fait qu'un différend est clairement défini et naît entre deux États, et qu'une situation est plus diffuse et concerne un groupe de pays ou une région du monde.

Selon les articles 10 à 13 de la Charte, l'Assemblée Générale peut discuter et formuler des recommandations sur les affaires entrant dans le cadre de la Charte, et particulièrement sur les questions relatives au maintien de la paix (art. 10 à 12). Ces recommandations peuvent être adressées aux États ou/et au Conseil de Sécurité, sous réserve toutefois que ce dernier ne soit pas déjà saisi du problème et que la situation ne nécessite pas une action. En effet, dans ce cas l'Assemblée générale n'a pas compétence pour agir (art. 11, § 1 et 2 et art. 12, § 1). Enfin, l'Assemblée générale peut attirer l'attention du Conseil de Sécurité sur les situations pouvant mettre en danger le maintien de la paix (art. 11, § 3). En dehors du cadre strict de la Charte, elle peut aussi intervenir en application de la résolution 377 (V), et elle a également créé des organes subsidiaires chargés d'enquête (comme la commission spéciale pour la Palestine en 1947).

Le Secrétaire Général peut lui aussi attirer l'attention du Conseil de Sécurité sur toute affaire pouvant mettre en danger le maintien de la paix (art. 99). Il peut être chargé de « toutes autres fonctions » par les organes de l'ONU (art. 98) et c'est dans ce cadre qu'il peut exercer des fonctions diplomatiques. Il peut aussi en pratique agir sans délégation, et offrir entre autres ses bons offices ou se proposer en tant que médiateur (comme dans l'affaire du *Rainbow Warrior*).

b) Les organisations régionales

La Charte des Nations unies prévoit (art. 52 à 54) la participation d'organisations régionales au maintien de la paix. Ces accords régionaux doivent être compatibles avec les buts et principes des Nations unies, et d'après l'arrêt de la CIJ du 26 novembre 1984, portant sur sa compétence dans l'affaire *Activités militaires et paramilitaires au Nicaragua et contre celui-ci*, ces accords régionaux entre membres des Nations unies sont subordonnés à l'article 103 de la Charte, qui fait prévaloir les dispositions de la Charte sur d'autres accords.

Plusieurs organisations régionales prévoient des dispositifs de règlement pacifique des différends, comme l'Organisation des États Américains (OEA) et l'Union Africaine. Au niveau européen, l'Organisation sur la Sécurité et la Coopération en Europe (OSCE) prévoit différentes procédures de conciliation.

2 Le règlement juridictionnel

Le règlement juridictionnel des différends permet de faire intervenir des organes indépendants, qui rendent une décision obligatoire pour les États parties au litige. Mais il faut rappeler qu'en application du principe de souveraineté un État est libre de refuser la compétence d'un tel organe, d'où la nécessité du consentement préalable des États parties au différend.

Le règlement juridictionnel peut prendre deux formes : l'***arbitrage*** et le ***recours à une juridiction internationale***.

■ *Les organes arbitraux*

a) L'origine

L'arbitrage est le plus ancien des modes juridictionnels de règlement des différends. En effet, les juridictions internationales sont de création récente et l'arbitrage paraît plus adapté au respect du principe de souveraineté des États. C'est l'affaire de l'*Alabama* entre les États-Unis et la Grande-Bretagne qui en 1872 marque le début de l'arbitrage moderne. Deux conventions de La Haye de 1899 et 1907 en ont précisé les modalités. Puis la SdN a adopté en 1919 un « Acte général d'arbitrage ». L'ONU, de son côté, a échoué à faire adopter une convention sur la matière, mais a permis l'élaboration d'un « modèle de règles sur la procédure arbitrale », en 1958. La Cour Permanente d'Arbitrage est une organisation créée en 1899 lors de la 1re Conférence de la Paix de La Haye. Elle peut être saisie de demandes d'arbitrages ou assurer des prestations administratives (greffe...) pour des tribunaux arbitraux.

La Convention de La Haye a défini l'arbitrage comme ayant « pour objet le règlement des litiges entre États par des juges de leur choix et sur la base du respect du droit. Le recours à l'arbitrage implique de se soumettre de bonne foi à la sentence ». L'arbitrage suppose aussi le consentement des parties à être soumises à cette procédure de règlement d'un différend.

b) Le respect de la souveraineté des États

Les États sont libres de recourir à l'arbitrage, ils peuvent choisir ce mode de règlement après la naissance du différend, ou prévoir cette possibilité à l'avance de manière conventionnelle.

Dans le premier cas, les États une fois le litige né, décident par un compromis d'arbitrage de le soumettre à un organe arbitral. Le compromis fixe, suivant la volonté des parties, l'objet du différend, la composition et la fonction de l'organe, la procédure qui sera suivie (le compromis est la loi de l'arbitrage).

Dans le second cas, les États s'obligent par avance en cas de survenance d'un différend à avoir recours à l'arbitrage suivant des modalités prédéfinies. Cette obligation peut être soit intégrée dans une clause compromissoire, c'est-à-dire une clause incluse dans un traité dont le thème est tout autre (ex. : un traité commercial ou portant sur les transports maritimes...), soit faire l'objet d'un traité d'arbitrage qui prévoit cette obligation pour tout différend naissant entre les États parties, dans tel ou tel domaine.

c) Constitution et compétences de l'organe arbitral

Ce sont les États qui décident de la composition de l'organe arbitral.

Si l'arbitrage par un chef d'État étranger est une possibilité, cette technique est rarement utilisée de nos jours. Lorsqu'il y a arbitre unique, c'est un juriste, un diplomate ou toute personnalité qualifiée. L'organe arbitral peut être composé paritairement de représentants des deux États en litige, mais en général, il s'agit d'un tribunal arbitral composé de trois membres neutres et de deux membres des États parties (ou un neutre et deux nationaux).

Les compétences du tribunal arbitral sont, au départ, fixées par le compromis, qu'il peut interpréter sans excès.

d) La sentence

Les États ayant accepté de soumettre leur différend à l'organe arbitral, la sentence rendue est obligatoire, mais elle n'a que l'autorité relative de la chose jugée : elle ne s'applique qu'aux États en cause et pour ce différend seulement.

La sentence n'est pas exécutoire, c'est-à-dire que les États doivent assurer d'eux-mêmes l'application de la sentence et de bonne foi, la non-exécution restant en pratique assez exceptionnelle.

Il existe tout de même des voies de recours, notamment en interprétation de la sentence. Le recours peut être rendu difficile par la disparition de l'organe arbitral une fois sa fonction remplie.

■ *Les juridictions internationales*

Contrairement à un tribunal arbitral, une juridiction internationale est ***un organe permanent***, qui est relié à une organisation internationale.

Il existe des juridictions à compétence uniquement administrative, comme le Tribunal Administratif des Nations unies (TANU), qui ne connaît que des recours formés par les agents des Nations unies contre les décisions du Secrétaire Général les concernant. D'autres sont rattachés à des organisations régionales, comme, par exemple, la Cour de justice de l'Union européenne (CJUE) ou la Cour européenne des droits de l'Homme. Enfin d'autres encore ont une compétence restreinte à un domaine précis, comme le Tribunal international du droit de la mer dont la compétence s'étend à l'interprétation et à l'application de la Convention de Montego Bay sur le droit de la mer (v. Chapitre 14)...

La principale juridiction internationale, aussi bien par l'importance de ses décisions que par l'étendue de ses compétences, est aujourd'hui la Cour Internationale de Justice.

a) Composition de la CIJ

La CIJ a été créée dans le cadre des Nations unies, en tant qu'« organe judiciaire principal » (Charte, art. 92). Elle succède donc en 1945 à la Cour permanente de Justice internationale (CPJI) créée par la SdN.

La Cour est composée de quinze magistrats indépendants (notamment vis-à-vis de leurs États d'origine), élus par l'Assemblée générale et le Conseil de Sécurité à partir de listes établies par les États (Statut de la CIJ, art. 9 à 12). Ils sont élus pour neuf ans, sont soumis pour assurer leur indépendance à des incompatibilités et jouissent d'immunités diplomatiques. Enfin les juges doivent assurer « dans l'ensemble, la représentation des grandes formes de civilisation et les principaux systèmes juridiques du monde ». Si, lorsque la cour est saisie d'un litige, un des États parties ou les deux n'ont pas de juge de leur nationalité siégeant comme membre permanent, ils peuvent demander la nomination de juges *ad hoc* qui ne seront désignés que pour cette affaire.

b) Compétences de la CIJ

Dans le cadre de sa ***fonction contentieuse, seuls les États*** peuvent se présenter devant la cour, les particuliers, ou les organisations internationales ne pouvant agir directement. Mais une fois encore, les États ne sont soumis à cette juridiction que s'ils l'ont accepté. L'acceptation a lieu soit après la naissance du différend par le biais d'un compromis juridictionnel (ex. : affaire *Immunités et procédures pénales, Guinée Équatoriale c/France*, en cours), soit avant si l'État a signé la clause facultative de juridiction obligatoire (art. 36, § 2) : clause à laquelle l'État est libre d'adhérer, mais qui le soumet obligatoirement à la juridiction de la Cour s'il l'a fait, (la France n'en est pas signataire).

Comme dans le cas de l'arbitrage, la Cour a la compétence de sa compétence et la procédure est fixée par le Statut de la Cour. Elle se déroule en deux phases : la première phase est écrite, avec l'envoi de mémoires et contre-mémoires, puis la seconde est orale avec audition des experts, avocats... La Cour ne peut statuer *ex aequo et bono,* (c'est-à-dire en équité) que sur accord des parties ; si elle l'estime nécessaire elle peut édicter des mesures conservatoires. L'arrêt rendu par la Cour a l'effet relatif de la chose jugée et il est obligatoire et définitif pour les parties.

La Cour peut cependant être saisie d'une demande en interprétation de son arrêt et ce quel que soit le délai écoulé. Cette demande doit porter sur le sens ou la portée de l'arrêt. Une requête en ce sens a été déposée en 2011 par le Cambodge pour l'interprétation de l'arrêt de la CIJ de 1962 *Temple de Préah Vihéar*. Le différend territorial sur cette région entre le Cambodge et la Thaïlande avait pris une nouvelle ampleur en 2011 avec des affrontements armés. À la demande du Cambodge, la Cour, en attendant de se prononcer, a indiqué des mesures conservatoires, comme son statut le lui permet « lorsqu'un préjudice irréparable risque d'être causé aux droits en litige dans une procédure judiciaire ». Elle a donc défini une zone démilitarisée provisoire. Elle a rendu son arrêt en interprétation le 11 novembre 2013 en confirmant la souveraineté du Cambodge sur le territoire contesté. La contestation venait entre autres d'une imprécision de l'arrêt de 1962.

En règle générale, les États concernés respectent les arrêts rendus par la CIJ, même si celle-ci ne dispose pas de moyens pour les y obliger. Le Japon condamné le 31 mars 2014 au motif que son programme « scientifique » de chasse à la baleine n'était pas conforme aux dispositions de la convention internationale pour la réglementation de la chasse à la baleine, a pourtant repris une chasse « scientifique » mais sur la base d'un nouveau programme. Le Japon se conforme donc formellement à l'arrêt de la CIJ, même si la réalité est toute autre.

Dans le cadre de sa ***procédure consultative***, la CIJ peut être consultée sur toute question de droit par un organe ou une institution spécialisée de l'ONU. Les avis rendus par la CIJ sont facultatifs. Ils ont cependant une grande portée politique. En 2019, elle a rendu à la demande de l'AGNU un avis sur les effets juridiques de la séparation de l'archipel des Chagos de Maurice en 1965.

Chapitre 12

Le recours à la contrainte

Toute contrainte n'est pas interdite par le Droit international. Si l'interdiction du recours à la force est bien un principe général, d'autres formes de contrainte sont légales mais conditionnées.

La contrainte peut être définie comme toute pression morale ou physique exercée sur quelqu'un de façon à infléchir sa décision.

L'interdiction du recours à la force est indissociable de l'obligation de règlement pacifique des différends. La contrainte légale reste donc l'ultime moyen mis à la disposition des États pour répondre à un acte illicite.

Il est pourtant évident pour tous que, malgré l'interdiction du recours à la force, les conflits armés sont toujours d'actualité, c'est pourquoi le Droit international continue de les réglementer pour en atténuer la portée.

1 L'interdiction du recours à la force

La CIJ, dans l'affaire des *Activités militaires et paramilitaires au Nicaragua* en 1986, a souligné le caractère coutumier du principe de l'interdiction du recours à la force. Mais ce principe a d'abord été intégré dans des textes internationaux, avant d'être considéré comme tel.

■ *Les traités avant 1945*

a) La SdN

La volonté de limiter le recours à la force armée date du début du XXe siècle. Le premier traité important en la matière est le Pacte de la SdN de 1919 qui restreignait la possibilité pour les États d'utiliser la force armée. Le Pacte n'interdisait pas le recours à la force, il ne permettait plus que certaines guerres. Devenaient illicites : la guerre d'agression, la guerre contre un État se conformant à une décision arbitrale ou juridictionnelle, la guerre entreprise sans qu'un essai de règlement pacifique n'ait été tenté auparavant. Restaient licites, *a contrario*, les autres guerres.

En cas de violation de ces interdictions, le Conseil pouvait décider de sanctions par la voie d'une simple recommandation adoptée à l'unanimité. En fait, la SdN n'a pu empêcher ou régler que des conflits mineurs (par exemple entre la Suède et la Finlande en 1920), mais elle n'a pu empêcher l'invasion de la Mandchourie par le Japon et encore moins la Seconde Guerre mondiale.

b) Le Pacte Briand-Kellog

Ce traité adopté le 16 août 1926, en dehors du cadre de la SdN, est entré en vigueur le 24 juillet 1929. Il réunissait 63 États, donc une grande part de la communauté internationale de l'époque et il prévoyait la condamnation par les États parties du recours à la guerre et leur renoncement à la guerre « en tant qu'instrument de politique nationale dans leurs relations mutuelles ». Ce traité, contrairement au Pacte de la SdN, condamnait donc tout recours à la guerre. Le problème était que le Pacte Briand-Kellog ne s'accompagnait d'aucun mécanisme de sanction.

■ *Après 1945 : la Charte des Nations unies*

a) Le principe

La Charte des Nations unies interdit dans son article 2, § 4, le recours ou même la menace du recours à la force. Ce n'est donc pas simplement la guerre qui est prohibée, mais l'emploi de toute force. Naturellement, cette interdiction est indissociable des mécanismes de règlement pacifique des différends.

Cette interdiction est limitée par les articles 42 et 53 portant sur les actions collectives décidées pour faire face à une menace contre la paix et par l'article 51 de la Charte qui autorise la légitime défense individuelle ou collective.

b) Les exceptions

La légitime défense est l'exception la plus importante à l'interdiction du recours à la force. Seule une agression armée ouvre droit à légitime défense, et non une simple contrainte. Ce principe a été confirmé par la CIJ dans son arrêt du 27 juin 1986, *Activités militaires et paramilitaires au Nicaragua*.

Étonnamment, la Charte ne définit pas le terme d'agression et c'est la résolution 3314 (XXIX) « Définition de l'agression » du 14 décembre 1974, qui précise le terme : « l'agression est l'emploi de la force armée par un État contre la souveraineté, l'intégrité territoriale ou l'indépendance politique d'un autre État, ou de toute autre manière incompatible avec la Charte des Nations unies ».

Cette définition a été reprise à l'amendement du Statut de la Cour pénale internationale adopté en juin 2010. Le Conseil de Sécurité peut – compte tenu des circonstances de fait – estimer qu'il n'y a pas agression malgré l'usage de la force armée, au contraire qu'il y a agression, même si l'acte en cause n'entre pas dans la liste des actes d'agression de l'article 3 (art. 2 et 4). La légitime défense n'est que temporaire, elle cesse lorsque le Conseil de Sécurité a pris les mesures nécessaires.

La Charte ne définit pas non plus les modalités de mise en œuvre de la légitime défense, sauf qu'elle peut être ***individuelle ou collective***, la seconde répondant aux mêmes conditions que la première. C'est l'arrêt de la CIJ, *activités militaires...* de 1986 qui a permis à la CIJ de préciser les conditions de mise en œuvre de la légitime défense après en avoir affirmé le caractère coutumier outre son intégration dans la Charte. La légitime défense suppose l'existence d'une agression armée, et des mesures de riposte nécessaires et proportionnées à l'attaque (caractères réaffirmés dans l'arrêt du 6 novembre 2003, *Affaire des plates-formes pétrolières* ; voir également l'arrêt du 19 décembre 2005, *Activités armées sur le territoire du Congo*). En ce qui concerne la légitime défense collective, elle doit avoir été sollicitée par l'État victime, soit en application d'un traité préexistant, soit postérieurement à l'agression et l'État doit faire l'objet d'une agression extérieure (et non pas d'un conflit interne). Ce droit de légitime défense collective a ainsi été mis en œuvre lors de l'invasion du Koweït par l'Irak en 1990 et reconnu comme tel par la résolution 661 (1990) du Conseil de sécurité.

La légitime défense a de même été reconnue dans une situation certes non prévue par la Charte de 1945, qui a été celle des attentats terroristes aux États-Unis le 11 septembre 2001. La résolution 1368, (2001) du Conseil de Sécurité considère en effet les actes de terrorisme comme une menace à la paix et à la sécurité internationales et reconnaît le droit de légitime défense dans cette situation.

En revanche, si certains États ont pu tenter de faire accepter l'idée d'une légitime défense préventive, cette conception semble bien contraire à la lettre de l'article 51 (qui parle d'agression et non de menace d'agression) et au principe de proportionnalité de la riposte. La question est toutefois de nouveau d'actualité, notamment dans le cadre de la lutte contre le terrorisme.

■ *Les contre-mesures*

a) Les contre-mesures étatiques

Ce sont des mesures par lesquelles un État répond à un acte d'un autre État.

Parmi ces contre-mesures on peut citer les rétorsions et les représailles.

Les ***rétorsions*** sont des mesures licites prises par un État en réponse à des actes soit licites mais discourtois ou dommageables, soit illicites d'un autre État. La rétorsion est donc constituée d'actes licites (par exemple rappel de l'ambassadeur). Mais, pour rester licite la mesure de rétorsion doit notamment être proportionnée par rapport à l'acte qui l'a motivée et elle doit émaner de la victime de l'acte et non pas d'un État tiers.

Les ***représailles*** sont des mesures illicites prises par un État pour répondre à des actes illicites d'un autre État, dans le but de faire cesser cette violation du droit. Du fait de l'illicéité de l'acte à l'origine des représailles, l'illicéité de ces dernières n'est pas prise en compte. En fait, les représailles deviennent licites sous certaines conditions : elles doivent être non armées, proportionnelles à l'acte qui les motive, enfin rester exceptionnelles et n'intervenir qu'après une sommation restée sans suite. Ces conditions ont été confirmées par la CIJ, notamment dans son arrêt du 25 septembre 1997, *Projet Gabcikovo-Nagymaros*. Les représailles peuvent par exemple être constituées par un embargo commercial.

Mesures de rétorsion et de représailles peuvent être combinées par un État, et être utilisées dans le cadre d'un train de mesures, c'est-à-dire de plusieurs mesures successives (par exemple, rappel des diplomates et mesures d'embargo commercial).

b) Les contre-mesures décidées par le Conseil de Sécurité

Selon les articles 39 et 41 de la Charte, le Conseil de Sécurité peut décider des mesures à prendre pour rétablir ou maintenir la paix et la sécurité internationale et notamment des mesures n'impliquant pas l'emploi de la force armée, telles que l'interruption des relations économiques, des communications maritimes, postales... Ainsi en 2011 un embargo sur les armes à destination de la Libye a été décidé, ainsi que le gel des avoirs de certaines personnes et entités en réponse aux « violations graves des droits de l'homme et du droit international humanitaire » dans ce pays. (*Res. 1970 (2011)*).

2 La réglementation du droit du recours à la force

Bien que le recours à la force soit prohibé, les conflits armés n'ont pas disparu. Les règles portant sur le droit de la guerre (*jus ad bellum*) et dans la guerre (*jus in bello*) sont donc toujours d'actualité. Ces règles ont évolué depuis le XIXe siècle et tendent à une « humanisation de la guerre », but aussi recherché par le Droit international humanitaire, ces deux droits étant aujourd'hui étroitement liés.

■ *Le droit de La Haye*

D'origine coutumière, ***le droit de la guerre*** (*jus ad bellum*) a été codifié à partir du XIXe siècle. Le premier texte est la Déclaration de Paris sur la guerre maritime, de 1856, il sera suivi d'autres conventions jusqu'aux deux conférences de la Paix tenues à La Haye en 1899 et 1907. Ces deux premières conventions avaient pour sujet la guerre sur terre et la guerre maritime, elles ont été complétées par d'autres déclarations et de treize conventions. Cet ensemble est généralement appelé « droit de La Haye ». Ce droit réglemente la conduite des hostilités : nécessité d'une déclaration de guerre, limitation dans le choix des moyens de nuire à l'ennemi, interdiction de certaines armes, traité de paix, règles de la neutralité... Certaines de ces règles sont toujours d'actualité, d'autres sont devenues obsolètes, notamment à cause de l'évolution de la notion de conflit armé.

Pour aller plus loin

Parmi les textes limitant le choix des moyens de nuire à l'ennemi, on peut citer également :

- la Convention de 1980 sur « l'interdiction ou la limitation de l'emploi de certaines armes classiques considérées comme produisant des effets traumatiques excessifs ou comme frappant sans discrimination » ;
- la « Convention sur l'interdiction des armes chimiques » de 1993 ;
- la « Convention sur l'interdiction de l'emploi [...] des mines antipersonnel et sur leur destruction » de 1997 ;
- ou la « Convention sur les armes à sous-munitions » de 2008.

■ *Le droit de Genève*

Ce qu'on appelle le « droit de Genève » est né en 1864 à l'initiative du suisse Henri Dunant. Il est principalement constitué de quatre conventions et deux protocoles additionnels adoptés sous l'égide du Comité International de la Croix-Rouge (CICR) en 1949 et 1977, et qui remplacent les précédentes Conventions de Genève signées entre 1864 et 1929, lesquelles avaient montré leurs limites pendant la Seconde Guerre mondiale.

4 conventions 12 août 1949 – 196 États parties.			
Convention pour l'amélioration du sort des blessés et des malades dans les forces armées en campagne	Convention pour l'amélioration du sort des blessés, des malades et des naufragés des forces armées sur mer	Convention relative au traitement des prisonniers de guerre	Convention relative à la protection des personnes civiles en temps de guerre

Le droit humanitaire peut être défini comme l'ensemble des règles ayant pour objet de protéger les victimes des conflits armés.

Les Conventions de Genève portent sur la ***protection des victimes en temps de guerre***. Sont considérés comme entrant dans cette catégorie, bien sûr les civils, mais aussi les prisonniers de guerre, blessés, malades, naufragés s'ils ont déposé les armes.

La CIJ a affirmé le caractère coutumier des dispositions des conventions qui « expriment les principes généraux de base du droit humanitaire » (*Activités militaires et paramilitaires au Nicaragua*, 1986).

Cependant, la notion de guerre au sens classique du terme a tendance à disparaître : les conflits sont plus diffus, sans déclaration de guerre, avec des acteurs étatiques mais aussi non étatiques : la plus grande partie des conflits est constituée aujourd'hui de conflits internes. Les méthodes de combat ont dans le même temps évolué – guérilla, répression sur les populations... – ce qui rend encore plus nécessaire l'application du droit humanitaire.

Le droit de Genève a dû prendre en compte cette évolution, au travers des ***deux protocoles de 1977*** :

– le premier porte sur tout conflit interétatique, y compris la guerre et toute forme d'occupation, ainsi que les conflits armés dans lesquels les peuples luttent contre la domination coloniale, dans l'exercice du droit des peuples à disposer d'eux-mêmes. Il a étendu les protections prévues pour les civils, et a notamment intégré la notion de guérillero ;

– le second protocole de 1977 porte quant à lui sur la protection des victimes des conflits armés non internationaux, il ne s'applique pas en revanche aux situations de troubles intérieurs.

196 États ont adhéré aux Conventions de Genève, 174 au Protocole I et 168 au Protocole II.

À noter qu'un protocole III, entré en vigueur en 2007, permet aux diverses composantes du mouvement de la Croix-Rouge, d'arborer un emblème jugé moins susceptible d'interprétations religieuses (ou autres) que la Croix-Rouge ou le Croissant rouge. Cet emblème additionnel, qui ne remplace pas les précédents mais peut être utilisé à leur place, est le Cristal rouge.

L'article 2 de chaque convention en impose l'application même si une des puissances en conflit n'est pas partie à la convention et l'article 1 prescrit l'obligation aux États parties de respecter et de faire respecter la convention en toutes circonstances. Quant aux protocoles, ils rappellent que dans les cas non prévus par ces textes, « la personne humaine reste sous la sauvegarde des principes de l'humanité et de la conscience publique ». La Syrie n'est pas signataire du protocole II.

Chapitre 13

Le maintien de la paix

En 1945 un système de sécurité collective a été élaboré pour permettre à la communauté internationale d'empêcher la naissance de conflits armés ou d'y mettre fin rapidement. Paradoxalement, l'efficacité de l'ONU dans ce domaine est due à une autre procédure.

Le maintien de la paix et de la sécurité internationale est l'un des buts principaux des Nations unies. En 1945, il a paru essentiel aux rédacteurs de la Charte des Nations unies de prévoir un système de sécurité collective plus efficace que celui de la SdN. L'idée était alors que toute agression perpétrée contre un État membre des Nations unies soit considérée comme une agression contre la paix internationale et qu'elle devienne donc l'affaire de tous des États. Le mécanisme mis en place n'a jamais pu être appliqué dans son intégralité, mais à la suite des initiatives de l'Assemblée générale, l'ONU n'est pas restée impuissante dans son intégralité et a pu agir dans un cadre juridique différent.

Le concept de maintien de la paix a été élargi à de nouvelles fonctions avec « la diplomatie préventive » qui consiste à empêcher les différends entre États de naître ou de s'étendre (v. le rapport du SGNU S/2015/730), « le rétablissement de la paix » qui doit permettre de rapprocher des parties au différend, « le maintien de la paix » qui consiste à maintenir une présence des forces des Nations unies sur le terrain, et enfin la « consolidation de la paix » qui doit permettre d'éviter une reprise des hostilités, notamment en reconstruisant les structures détruites.

1 Le chapitre VII de la Charte des Nations unies

La Charte confie la responsabilité principale du maintien de la paix au Conseil de Sécurité, c'est-à-dire principalement aux grandes puissances vainqueurs de la Seconde Guerre mondiale.

Le rôle du Conseil de Sécurité

a) La constatation

Selon l'article 39 de la Charte, le Conseil de Sécurité, après avoir constaté, de façon discrétionnaire, l'existence d'une menace contre la paix ou d'une rupture de la paix, ou d'un acte d'agression, fait des recommandations ou décide des mesures à prendre en application des articles 41 et 42. L'article 25 précise que les décisions du Conseil de Sécurité doivent être appliquées par les États, c'est-à-dire qu'elles sont ***obligatoires***. Les termes utilisés dans l'article 39 ne sont pas définis et sont suffisamment neutres pour ne pas enfermer le Conseil de Sécurité dans un cadre trop strict.

b) Les actions

C'est également le Conseil de Sécurité qui choisit de façon tout aussi discrétionnaire la forme de l'action à entreprendre. Il peut ainsi décider, pour stabiliser une situation avant qu'elle ne dégénère, « d'inviter les parties intéressées à se conformer aux mesures provisoires qu'il juge nécessaires ou souhaitables » (art. 40). Ces mesures « de sauvegarde » ne sont pas non plus listées : ce peut être une invitation à suspendre les hostilités ou un embargo sur les fournitures d'armes...

Le Conseil peut ensuite décider des mesures qui seront prises : celles qui n'impliquent pas l'usage de la force armée et qui seront mises en œuvre par les États (art. 41), comme l'interruption des relations diplomatiques. Il peut aussi fixer des mesures qui impliquent l'usage de la force armée (art. 42). Pour cela, l'article 43 prévoit que les État membres mettront des forces armées à disposition de Conseil de Sécurité, forces armées qui seront placées sous la responsabilité d'un Comité d'état-major (art. 47), qui n'a jamais été créé.

Il faut aussi rappeler que la Charte dans son article 51 permet l'usage de la force en cas de légitime défense individuelle et collective. Un État victime d'une agression armée conserve le droit de se défendre, seul ou avec l'aide d'autres États. Ce droit cesse lorsque le Conseil de Sécurité a pris les mesures nécessaires au maintien de la paix.

La fin de la guerre froide avait semble-t-il permis à l'ONU de jouer de nouveau son rôle dans le cadre du maintien de la paix, surtout au travers des opérations de maintien de la paix. C'est avec la crise yougoslave, notamment à partir de 1992, que les limites du système sont apparues : impossibilité de désigner un agresseur, dissensions entre les cinq membres permanents du Conseil de sécurité... Et pour en revenir à l'article 51, si l'opération en Afghanistan en 2001 a été menée dans le cadre de la légitime défense, la guerre contre l'Irak de 2003 pose bien évidemment la question de sa légalité. La résolution 1441 (2002) du Conseil de sécurité rappelait l'Irak à ses obligations en matière de désarmement et d'inspections. Si le dernier paragraphe de la résolution soulignait que « le Conseil de sécurité a averti à plusieurs reprises l'Irak des graves conséquences auxquelles il aurait à faire face s'il continuait à manquer à ses obligations », il ne pouvait, contrairement à la thèse américaine, être considéré comme constituant l'aval du Conseil pour une attaque armée contre ce pays. Cette guerre « préventive » ne peut donc qu'être considérée comme illégale, mais seul le Conseil de sécurité aurait pu en faire la constatation, ce qui bien sûr était impossible en l'espèce. Bien au contraire, le Conseil de sécurité a entériné la situation par sa résolution 1483 (2003) en reconnaissant aux États-Unis et au Royaume-Uni le statut de puissances occupantes et en appelant les États membres de l'ONU à aider le peuple irakien à reconstruire le pays.

Les frappes aériennes américaines, françaises et britanniques contre des sites d'armement chimique en Syrie en 2018, à la suite de l'usage de telles armes contre des civils, n'ont pas été expressément autorisées par le CSNU, toujours bloqué sur la question syrienne.

Le droit du maintien de la paix mis en place après la Seconde Guerre mondiale avait pour but d'éviter de revenir à la loi du plus fort. On peut toutefois continuer à se poser des questions notamment face à la situation en Crimée, au rôle de la Russie membre permanent du Conseil de sécurité face à la situation en Syrie ou encore plus récemment à l'invasion par la Russie du territoire de l'Ukraine entamée le 24 février 2022.

c) Les accords régionaux

L'article 52 de la Charte prévoit l'existence d'accords ou d'organismes régionaux, qui en vertu de l'article 53 peuvent être utilisés par le Conseil de sécurité pour l'application des mesures coercitives prises sous son autorité. L'autorisation et l'information du Conseil de sécurité sont obligatoires en cas d'action coercitive menée en vertu de ces accords ou par ces organismes. Parmi ces accords ou organismes, on peut compter l'OSCE, et bien sûr l'OTAN (Organisation du Traité de l'Atlantique Nord). Ainsi, à la suite des Accords de Dayton de 1995 pour l'ex-Yougoslavie, le Conseil de sécurité avait autorisé l'IFOR (puis ultérieurement la SFOR), force multinationale de mise en œuvre de la paix placée sous le commandement de l'OTAN, à prendre un certain nombre de mesures coercitives (résolutions 1331 (1995) et 1088 (1996)). C'est également l'OTAN qui dirigeait la Force internationale d'assistance et de sécurité (FIAS), sous mandat de l'ONU en Afghanistan jusqu'à fin 2014.

L'échec du système

a) Les conséquences du veto

Le mécanisme du chapitre VII a été un échec : la Charte a confié le rôle principal au Conseil de Sécurité ce qui, en 1945, permettait aux Alliés, c'est-à-dire aux grandes puissances, d'être les garants de la paix retrouvée. Le droit de veto des cinq membres permanents ne semblait pas à l'époque devoir poser problème, ce qui a pourtant été le cas avec la guerre froide : il a pu être utilisé pour se protéger ou protéger un État « ami ». Impossible dans ce cas de désigner un agresseur, ou même plus simplement, d'agir.

Malheureusement, cette situation perdure aujourd'hui, comme l'atteste la situation en Syrie où il a fallu attendre le 18 décembre 2015 pour que le Conseil de Sécurité adopte une résolution (2254), celle de la Crimée qui implique directement la Russie (qui a annexé cette province de l'Ukraine en 2014)) ou encore le conflit russo-ukrainien où la présence de la Russie au sein du conseil de sécurité a empêché l'adoption d'une résolution visant à ce qu'elle retire immédiatement, complètement et sans conditions toutes ses forces militaires du territoire ukrainien. D'où des propositions de réforme, comme notamment celle présentée par la France en 2013 et visant à augmenter le nombre de membres permanents et à encadrer le droit de veto des membres permanents dans les situations de « crimes de masse ». Le Président Hollande s'est d'ailleurs engagé devant l'Assemblée Générale de l'ONU en septembre 2015 à ce que la France n'utilise jamais son droit de veto lorsqu'il y a des atrocités de masse. Toujours dans la même optique, le 26 avril 2022, l'assemblée générale des Nations unies a adopté par consensus une résolution obligeant les cinq membres permanents du Conseil de sécurité à justifier leur recours au véto.

b) La résolution Dean Acheson, 377 (V)

Une des conséquences de cet échec à mettre en œuvre les procédures du chapitre VII fut l'adoption de cette résolution. En juin 1950, la Corée du Sud fut envahie par les troupes de la Corée du Nord (communiste). Le Conseil de Sécurité vota alors une résolution demandant la cessation des hostilités. L'URSS qui pratiquait à ce moment la politique de la chaise vide au Conseil de Sécurité – afin de protester contre le rejet de la candidature à l'ONU de la Chine communiste –, ne put s'opposer à cette décision. Elle revint donc siéger et paralysa par son veto toutes les décisions portant sur ce conflit. C'est pourquoi l'Assemblée générale (à majorité occidentale à cette époque), vota la résolution 377 (V) « Union pour le maintien de la paix » (ou résolution Dean Acheson, du nom du secrétaire d'État américain). Elle permet à l'Assemblée générale de faire des ***recommandations*** (donc non obligatoires) aux États membres concernant les mesures à prendre, en cas de blocage constaté du Conseil de Sécurité. Elle a été utilisée une dizaine de fois, pas toujours avec succès. Mais le CSNU reste l'organe chargé à titre principal du maintien de la paix.

■ *La mise en œuvre du système*

Le Conseil de sécurité a utilisé à plusieurs reprises l'article 41 en édictant des mesures non militaires en cas de menace ou de rupture de la paix (contre-mesures, v. *supra*). Il a ainsi décidé d'un embargo général contre l'Irak à la suite de l'invasion du Koweït par la résolution 661 (1990).

En revanche, le volet militaire du chapitre VII n'a jamais pu être mis en œuvre en tant que tel, faute d'avoir pu appliquer les dispositions sur les forces permanentes des Nations unies et sur le Comité d'État-Major. En conséquence, les opérations militaires menées l'ont été non pas par l'ONU mais par des forces multinationales. C'est notamment ce qui s'est passé pour la Corée et l'Irak. Dans ce dernier cas, la résolution 678 (1990) du Conseil de sécurité a autorisé « les États membres qui coopèrent avec le gouvernement koweïtien [...] à user de tous les moyens nécessaires pour faire appliquer la résolution 660 (1990) et toutes les résolutions pertinentes adoptées ultérieurement [...] ».

L'opération française au Mali en 2013 a été menée à la demande des autorités maliennes. Celle menée en Centre Afrique l'a été sur mandat de l'ONU (*Res. 2127 (2013)* 5 déc. 2013). La coalition qui agit en Syrie depuis 2014 n'a pas été créée sous mandat de l'ONU mais la résolution du CSNU 2249 (2015) l'a légitimée, les États étant appelés à prendre toute mesure nécessaire sur les territoires contrôlés par Daech en Syrie et en Irak.

2 Les opérations de maintien de la paix

■ *L'origine*

En 1956, pendant la crise de Suez (v. Chapitre 15), l'action du Conseil de Sécurité fut paralysée par le double veto anglais et français. L'Assemblée générale a donc été saisie de la question, en vertu de la résolution 377 (V), et elle a recommandé un cessez-le-feu. La France et la Grande-Bretagne demandèrent alors à ce qu'une force internationale soit déployée entre l'Égypte et Israël. C'est ainsi que sur une proposition canadienne, l'Assemblée générale par la résolution 998 du 4 novembre 1956, créa la FUNU (Force d'Urgence des Nations unies), force d'interposition déployée dans le Sinaï qui eut la charge de remplir la première opération de maintien de la paix.

■ *Le fonctionnement*

a) Une action collective

Comme les opérations prévues dans le chapitre VII, les opérations de maintien de la paix (OMP) sont ***des actions collectives*** qui sont décidées et mises en œuvre par les organes de l'ONU. Ce sont des actions opérationnelles qui mettent à contribution des contingents (forces armées ou observateurs) fournis par des États membres, et qui sont sous le commandement en chef des Nations unies.

b) Une action consensuelle

À la différence du système prévu par la Charte, les opérations de maintien de la paix ***ne présentent pas un caractère coercitif***, c'est-à-dire que leur mission est simplement de s'interposer entre des belligérants, mais sans repousser un agresseur qui n'est d'ailleurs pas désigné. Cette mission est strictement définie par l'organe de création de l'OMP. De toute façon, sans désignation d'un agresseur, il y a simplement reconnaissance de plusieurs parties au conflit.

L'Assemblée générale peut, en vertu de la résolution 377 (V), créer une nouvelle force d'interposition : le Conseil de Sécurité n'est plus le seul habilité à agir. Il faut aussi souligner que l'accord des États intéressés est indispensable pour envoyer des contingents sur leur territoire. Il s'agit donc d'un système relativement « consensuel », très différent de celui prévu dans la Charte.

c) La multiplication des opérations de maintien de la paix

Douze opérations de maintien de la paix sont en cours dans le monde. En théorie les OMP devraient être temporaires, créées dans l'attente d'un règlement politique du différend ayant justifié leur création. En pratique lorsque ce règlement politique tarde, l'opération peut s'éterniser, comme l'UNFICYP (Chypre) dont le mandat est régulièrement renouvelé depuis 1964. La multiplication des conflits, et surtout des conflits infra-étatiques et des appels à l'ONU a considérablement augmenté le nombre des opérations.

Les tâches assignées aux casques bleus et bérets bleus se sont aussi diversifiées, ce qui ne facilite pas les opérations sur le terrain. De la classique mission d'interposition, on est passé par exemple à des missions de surveillance d'élections, puis à des tâches humanitaires. Aujourd'hui, les missions portent également sur le désarmement, la réinsertion des combattants, l'appui et la formation des forces de polices, des responsables judiciaires, le déminage (*source : site de l'ONU*).

En effet, les conflits civils laissent les pays exsangues ; populations et institutions sont touchées. Il faut souvent tout reconstruire et c'est là une nouvelle tâche pour l'ONU. Mais avant de songer à reconstruire il faut que les combats cessent et il est important de noter que plusieurs OMP ont aujourd'hui pour mandat d'utiliser tous les moyens nécessaires pour protéger les civils menacés (*v. le rapport du Secrétaire général de l'ONU de septembre 2015 sur l'avenir des OMP, A/70/357*).

Les nombreux succès des opérations de maintien de la paix ne peuvent cependant faire oublier d'importants échecs, comme celui de la FORPRONU en ex-Yougoslavie où l'impuissance des casques bleus à s'interposer a été démontrée notamment par leur prise en otage, ou celui de la MONUOR au Rwanda qui n'a pu empêcher un génocide...

Il est vrai que la Communauté internationale demande ici beaucoup à l'ONU, sans toujours lui accorder les moyens notamment financiers nécessaires. Le budget des opérations du maintien de la paix (OMP) pour juillet 2020-juin 2021 était une nouvelle fois en baisse à 6,379 Mds de dollars. La France est le 6e contributeur.

PARTIE 4

Les espaces

Chapitre 14

La mer

La mer fait l'objet d'un dégradé de statuts juridiques à mesure que l'on s'éloigne du rivage. Partant d'espaces soumis à la souveraineté nationale, on parvient à une zone totalement internationalisée.

Considérée comme un simple espace de navigation pour les nations européennes, la mer a été régie pendant des siècles par le principe de liberté. Dans un monde de marchands la libre circulation sur les mers était affirmée, avec pour seule limite la reconnaissance d'une bande d'eaux territoriales d'une largeur de 3 milles marins (1 mille = 1 852 m) placée sous souveraineté étatique.

Le XXᵉ siècle a été marqué par la diversification des usages de la mer. Voie de communication, la mer est devenue également un réservoir de richesses (ressources biologiques, mais également ressources minérales contenues dans le fond des mers). Cette prise de conscience a donné lieu à une puissante volonté d'emprise de l'État côtier, avec remise en cause de certaines règles du système juridique classique, ce qui a conduit à l'adoption, le 10 décembre 1982, à Montego Bay, de ***la Convention des Nations unies sur le Droit de la mer*** (CNUDM). Cette convention est entrée en vigueur le 16 novembre 1994, et a été ratifiée par 168 États dont la plupart des grandes puissances maritimes (la France en 1996), sauf les États-Unis. Elle a été complétée par l'Accord relatif à la partie de XI de la Convention de 1994 (la Zone) entré en vigueur en 1996 et par l'accord relatif à la conservation et à la gestion des stocks chevauchants et des stocks de poissons grands migrateurs de 1995 entré en vigueur en 2001.

Le droit de la mer découle de cette Convention mais également pour les questions qui ne sont pas réglementées par elle, de la coutume internationale ou des quatre Conventions antérieures de Genève de 1958 pour les États qui y ont adhéré et qui ne sont pas parties à la CNUDM.

La CNUDM est complétée par d'autres conventions portant par exemple sur la pêche, ou la protection de l'environnement marin, ou la navigation. Le droit de la mer issu de la CNUDM définit en fait un ensemble de régimes juridiques différents selon qu'ils s'appliquent à des espaces placés ou non sous la juridiction de l'État côtier. L'ordonnance n° 2016-1687 du

8 décembre 2016 relative aux espaces maritimes relevant de la souveraineté ou de la juridiction de la République française reprend notamment les définitions de la convention et définit les conditions d'exercice des compétences de l'État français.

1 Les espaces marins placés sous juridiction nationale

La Convention de 1982 définit un certain nombre de zones, délimitées selon leur distance par rapport aux côtes, dans lesquelles ***les compétences de l'État sont diverses et s'amenuisent à mesure que l'on s'éloigne du rivage***. Si le régime des ***eaux intérieures*** ne pose guère de problème, c'est qu'il est totalement assimilé au territoire terrestre de l'État. Les eaux intérieures bordent les côtes en deçà de la ligne de base et comprennent les ports, rades et les baies les plus importantes. La ligne de base normale est la laisse de basse mer (les plus basses eaux de l'année) le long de la côte ; elle suit donc le tracé de la côte.

Cependant lorsque la côte est très découpée, le tracé de lignes de base droites est effectué en tirant des lignes entre les points de la côte qui sont les plus avancés en mer.

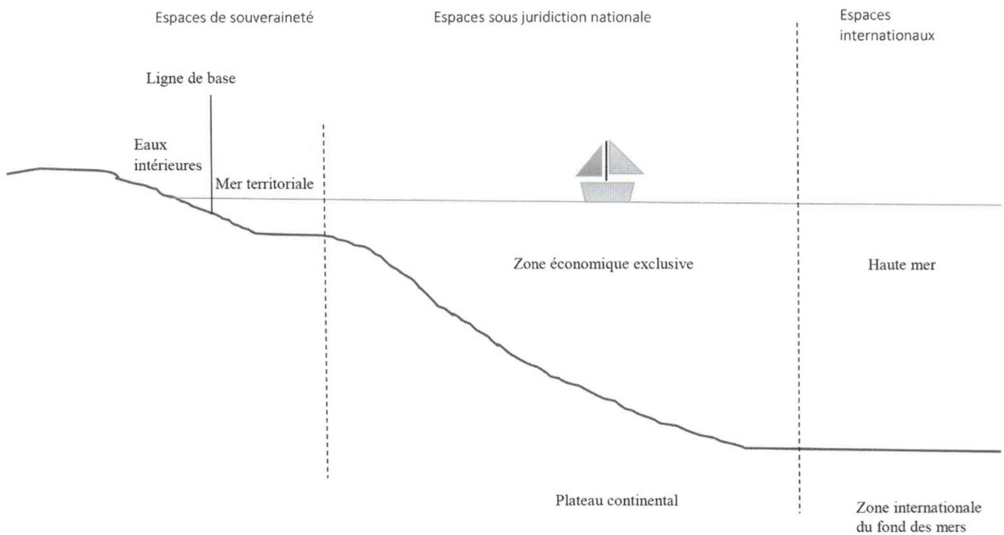

■ *La mer territoriale*

a) Délimitation

Longtemps limitée à 3 ou 6 milles, depuis 1982 la largeur maximale de la mer territoriale est fixée à 12 milles marins mesurés à partir des lignes de base (CNUDM, art. 3).

b) Régime juridique

La souveraineté de l'État s'étend sur cette zone, qu'il s'agisse des eaux, de l'espace aérien situé au-dessus ou du fond et du sous-sol de cette mer. L'État y exerce donc sa souveraineté pleine et entière comme sur son territoire, mais avec une limitation découlant du ***droit de passage inoffensif*** qui est reconnu aux navires étrangers.

On entend par passage inoffensif le fait de naviguer de façon continue et rapide dans la mer territoriale aux fins de la traverser ou de se rendre ou de quitter les eaux intérieures (CNUDM, art. 17 et 18), sans porter atteinte à la paix, au bon ordre ou à la sécurité de l'État côtier (CNUDM, art. 19, § 1).

L'extension à 12 milles des mers territoriales ayant placé un certain nombre de ***détroits*** internationaux sous la souveraineté des États côtiers, la Convention a prévu qu'un régime particulier s'y appliquerait afin de préserver l'intérêt stratégique qu'ils représentent pour la navigation internationale. Le régime du droit de passage en transit dans les détroits « servant à la navigation internationale » (CNUDM, art. 38), plus souple que celui du droit de passage inoffensif (faculté pour les sous-marins de passer en plongée par exemple) a donc été institué. Ainsi la fermeture du détroit d'Ormuz par l'Iran (annoncée comme une éventualité en décembre 2011) aurait été illégale au regard du Droit international.

■ *La Zone Économique Exclusive*

a) Délimitation

La ZEE peut s'étendre jusqu'à une distance de 200 milles marins des lignes de base à partir desquelles est mesurée la largeur de la mer territoriale (CNUDM, art. 57). Elle comprend les eaux, le sol et le sous-sol.

b) Régime juridique

L'État côtier ne dispose dans sa ZEE que de droits souverains aux fins d'exploration et d'exploitation, de conservation et de gestion des ressources naturelles qui se trouvent dans ses eaux, sur les fonds ou en sous-sol, et de la juridiction concernant la mise en place et l'utilisation d'îles artificielles, d'installations et d'ouvrages, la recherche scientifique marine et la protection et la préservation du milieu marin (CNUDM, art. 56). ***L'État ne jouit donc pas d'une pleine souveraineté mais seulement de droits précisément définis***, dont le principal est constitué par le pouvoir de réglementation de la pêche, avec les obligations de conservation des ressources qu'il implique. L'implantation d'installations de production d'énergie renouvelable marine relève également de l'État côtier.

En dehors de ces droits reconnus au côtier, le régime de cette zone est celui de la haute mer, et la liberté de la navigation y est reconnue.

■ *Le plateau continental*

a) Délimitation

La Convention de 1982 a consacré une notion purement juridique de plateau continental, ne correspondant pas forcément aux réalités géographiques des fonds marins. Ainsi, l'article 76 dispose que tout État, qu'il soit ou non pourvu d'un plateau continental au sens géographique du terme, jouit d'un plateau continental s'étendant jusqu'à 200 milles. Pour les États qui disposent d'un plateau continental géographiquement plus large, la limite peut être étendue jusqu'à 350 000 milles. Cette extension est toutefois subordonnée à l'avis de la Commission des limites du plateau continental de l'ONU (CPLC), laquelle émet des recommandations qui sont « définitives et de caractère obligatoire » (CMB, art 76 § 8).

Dans la perspective de la fonte des glaces en Arctique et donc de la possibilité d'exploiter ses fonds, plusieurs États riverains, dont la Russie, ont déposé une telle demande. La France a fait de même pour ses divers plateaux continentaux (Façade Atlantique et outre-mer (*v. décrets publiés entre 2015 et 2021. V. le site https://limitesmaritimes.gouv.fr/*).

Le plateau continental comprend uniquement les fonds marins et leur sous-sol.

b) Régime juridique

Là encore, l'État côtier ne dispose sur son plateau continental que de ***droits souverains aux fins de son exploration et de l'exploitation de ses ressources naturelles*** (pétrole...). Ces droits n'affectent pas le régime de liberté de la navigation des eaux surjacentes ou de l'espace aérien situé au-dessus de ces eaux. Par ailleurs, les États disposant d'un plateau continental s'étendant au-delà de 200 milles doivent verser une partie des recettes qu'ils tirent de son exploitation à l'Autorité internationale des fonds marins.

2 Les espaces internationalisés

Si la Convention de 1982 a consacré l'expansion des souverainetés sur la mer, elle a parallèlement marqué une avancée de l'internationalisation des espaces en instituant, à côté de la haute mer toujours considérée comme libre, le régime juridique original de la Zone internationale des fonds marins.

La haute mer

La haute mer se définit comme toutes les parties de la mer qui ne sont pas comprises dans les zones étudiées ci-dessus (CNUDM, art. 86).

Son régime juridique est celui de ***la liberté***. Ces libertés sont énumérées par la Convention : navigation, survol, pêche, pose de câbles et pipelines, construction d'îles artificielles, recherche scientifique. Les navires sont soumis en haute mer à ***la compétence exclusive de leur État de pavillon*** : lui seul peut recourir à la contrainte pour faire respecter le droit. Le droit de la mer ne reconnaît que quelques rares exceptions à ce principe général, comme pour la répression de la piraterie. Les États côtiers disposent également d'un droit de poursuite en haute mer des navires ayant contrevenu à leurs réglementations dans les zones sous leur juridiction, à la condition que la poursuite ait commencé dans ces zones (CNUDM, art. 111). Ce droit cesse dès que le navire pénètre dans un espace placé sous la juridiction d'un autre État.

Si le droit reconnaît la liberté de la pêche en haute mer, celle-ci doit s'exercer dans des conditions permettant la conservation et la gestion des ressources. À ce titre, la Convention de 1982 prévoit une obligation de coopération entre États (CNUDM, art. 118). Cependant cette obligation demeure très générale, et malgré quelques avancées récentes, le droit des pêches en haute mer reste encore largement tributaire de la bonne volonté des États.

La Zone

L'exploration des océans à partir des années 1950 a permis de découvrir les richesses contenues sur le fond des mers, et notamment les nodules polymétalliques. Conscients que le régime de libre utilisation allait inévitablement profiter aux pays industrialisés, seuls susceptibles d'exploiter techniquement ces ressources, les pays en développement proposèrent une nouvelle logique. Celle-ci fut consacrée par la Convention de 1982, dont l'article 136 énonce : ***« La Zone et ses ressources sont le patrimoine commun de l'humanité »***. Il en découle que l'utilisation de cette Zone doit se réaliser selon trois principes : non-appropriation étatique (CNUDM, art. 137), exploitation dans l'intérêt de l'humanité tout entière (CNUDM, art. 140) et utilisation à des fins exclusivement pacifiques (CNUDM, art. 141).

L'innovation majeure de ce régime a consisté à placer l'utilisation des ressources de cette Zone sous l'autorité d'une organisation internationale, créée pour l'occasion : l'Autorité internationale des fonds marins. Première organisation internationale à se voir reconnaître une assise territoriale, cette Autorité dispose en outre d'un agent d'exécution, l'Entreprise. Celle-ci est chargée d'exploiter les ressources de la Zone, soit seule au profit de l'humanité avec priorité donnée aux pays en développement, soit en collaboration avec des sociétés nationales qui auront reçu certaines portions de la Zone en concession ; elle en partagerait les revenus avec l'Autorité.

Conçu au départ comme un élément du nouvel ordre économique international, le fonctionnement de l'Autorité et de l'Entreprise répondait à une logique économique inacceptable pour certains États industrialisés, au premier rang desquels les États-Unis. Leur opposition à cette partie de la Convention de 1982 (partie XI) a entraîné leur refus de la Convention dans son ensemble. Les fondements du système ont donc été remaniés en 1994, par l'Accord du 28 juillet relatif à l'application de la partie XI, pour répondre davantage à une logique libérale (l'Entreprise perdant ses principales caractéristiques), ce qui a permis à la majorité des pays industrialisés de devenir partie à la Convention (à l'exception notable des USA).

Pour aller plus loin

Afin de répondre à de nouveaux défis (définition d'aires marines protégées en haute mer, régime des ressources génétiques dans la Zone...), des travaux sont engagés à l'ONU en vue de l'élaboration d'un « instrument international juridiquement contraignant se rapportant à la Convention des Nations unies sur le droit de la mer et portant sur la conservation et l'utilisation durable de la biodiversité marine des zones ne relevant pas de la juridiction nationale ». L'adoption de cet accord a été retardée par la crise du covid 19 et les négociations sont toujours en cours. Il portera sur les ressources génétiques marines, les outils de gestion par zone, y compris les aires marines protégées, les études d'impact sur l'environnement...

3 Les institutions

■ *L'OMI*

L'Organisation Maritime Internationale (OMI) est l'institution spécialisée des Nations unies chargée des questions maritimes. En effet, dans plusieurs domaines (sécurité maritime, environnement marin) les dispositions de la CNUDM doivent être complétées par des conventions plus spécifiques.

Créée en 1948, devenue opérationnelle en 1958, cette organisation internationale a notamment pour but d'encourager la collaboration entre les États et l'adoption de normes « aussi élevées que possibles » en matière de sécurité maritime et de navigation. Par la suite l'OMI s'est aussi intéressée à la prévention de la pollution marine. Afin d'atteindre ses buts, l'OMI peut faire des recommandations et surtout élaborer des projets de conventions et convoquer des conférences.

Réunissant 173 État membres (dont la plupart des grandes puissances maritimes), l'OMI a permis l'adoption de plus de 40 conventions et protocoles et environ 800 codes, recueils de règles ou recommandations. Elle est ainsi à l'origine de la Convention Internationale pour la sauvegarde de la vie humaine en mer de 1960, ou de la Convention Internationale pour la prévention de la pollution par les navires de 1973 – MARPOL – (toutes deux régulièrement amendées).

■ *Le Tribunal international du droit de la mer*

La CNUDM avait prévu la création du Tribunal international du droit de la mer (TIDM), dont la première session s'est tenue en 1996. Composé de 21 membres indépendants, le TIDM est compétent pour tous les différends ou demandes qui lui sont soumis par les États parties, concernant l'interprétation et l'application de la Convention. Ainsi en 2009, le Tribunal a été saisi du différend relatif à la délimitation de la frontière maritime entre le Bangladesh et le Myanmar dans le golfe du Bengale et a en 2012 rendu un arrêt opérant la délimitation de cette frontière. Il a aussi été saisi d'un différend relatif à la délimitation de la frontière maritime entre le Ghana et la Côte d'Ivoire dans l'océan Atlantique pour lequel il a rendu son arrêt en 2017.

Composé de plusieurs chambres, le Tribunal dispose aussi d'une chambre pour le règlement des différends relatifs aux fonds marins, qui est compétente pour ce qui concerne l'exploitation de la Zone, (voir le très important avis consultatif sur les responsabilités et obligations des États qui patronnent des personnes et entités dans le cadre d'activités menées dans la Zone, de 2011).

À noter que la CIJ est également compétente sur des questions de droit de la mer.

Chapitre 15

Les canaux et fleuves internationaux

Espaces soumis à la souveraineté territoriale des États sur lesquels ils se trouvent, leur régime juridique a été partiellement internationalisé pour permettre leur libre utilisation.

Les canaux et les fleuves internationaux ne sont pas, contrairement à ce que pourrait laisser penser leur dénomination, des espaces internationalisés, en ce sens qu'ils ne sont pas placés comme l'est la haute mer hors de l'emprise de la souveraineté territoriale des États. Ce n'est qu'en raison de l'intérêt que leur utilisation présente pour l'ensemble de la communauté internationale qu'une partie de leur régime juridique a fait l'objet d'accords conventionnels.

1 Les canaux internationaux

Un canal est une voie de communication artificielle creusée sur le territoire d'un État pour relier entre elles deux portions de mer libre (ZEE ou haute mer). Traversant un seul État, il est soumis à la souveraineté de l'État sur lequel il se trouve.

Un canal est qualifié d'international dès lors que le régime de sa navigation est internationalisé par traité pour garantir la liberté de passage pour tous les navires. Ce régime est aménagé de façon spécifique dans les trois grands canaux servant à la navigation internationale.

■ *Le canal de Suez*

En 1859, les travaux de percement de l'isthme de Suez pour relier la Méditerranée à la mer Rouge, furent entrepris par le Français Ferdinand de Lesseps, lequel en avait obtenu la concession de l'Empire ottoman. Le canal fut inauguré le 17 novembre 1869.

La concession de l'exploitation du canal était confiée à la Compagnie du canal de Suez, société anonyme à capitaux franco-égyptiens, de droit français, pour une durée de 99 ans. Celle-ci percevait les taxes de navigation, moyennant le versement d'une redevance de 15 % au gouvernement égyptien. Le régime juridique du canal était au départ de droit interne égyptien, avec garantie de libre passage. Le fondement juridique de cette garantie est rapidement apparu insuffisant pour les grandes puissances. Aussi, le 29 octobre 1888, le régime de navigation fut internationalisé par la Convention de Constantinople, signée par neuf États. Celle-ci garantit la liberté de la navigation, en temps de paix comme en temps de guerre, pour tout navire de commerce ou de guerre de toute nationalité. La charge de garantir l'exercice de cette liberté revenait au départ aux forces égyptiennes et turques, puis, à partir de 1904, aux troupes anglaises stationnées pour ce faire en permanence dans la zone du canal.

Le 26 juillet 1956, l'Égypte de Nasser décide la nationalisation de la Compagnie du canal de Suez, ce qui déclenche une expédition militaire franco-britannique. Cette mesure fait passer la gestion du canal sous la souveraineté de l'Égypte, mais ne porte pas atteinte au régime international du canal, puisque l'Égypte réaffirme en 1957 la validité de la Convention de Constantinople. Malgré deux périodes de fermeture du canal liées aux guerres israélo-arabes, la liberté de navigation est donc garantie dans le canal de Suez.

■ *Le canal de Panama*

Après l'échec de la première entreprise de percement du canal par une société française les États-Unis obtinrent du tout nouvel État du Panama, à l'indépendance duquel ils avaient grandement contribué, le permis de construire du canal pour relier l'Atlantique au Pacifique. Le statut du canal est toujours resté très fortement marqué par ces circonstances politiques.

Ainsi, aux termes du traité conclu en 1903 entre les deux États, les États-Unis se sont vus reconnaître « tous les droits, pouvoirs et autorité qu'ils posséderaient et exerceraient s'ils étaient souverains de ce territoire » sur une bande de terre autour de la voie d'eau, ainsi que la gestion et la défense du canal à perpétuité. Ces droits étaient complétés par un pouvoir d'intervention militaire en cas de menace contre la République du Panama.

Le régime de la navigation a, lui, été défini dans un traité anglo-américain de 1901. Il reconnaît un droit de libre passage équivalent à celui du canal de Suez.

Ces conditions exorbitantes, qui niaient la souveraineté territoriale panaméenne ont été renégociées en 1977. La nouvelle convention a rétabli depuis 2000 la souveraineté de Panama sur le canal, avec maintien d'un statut de neutralité garanti par les États-Unis, qui leur permet d'intervenir militairement en cas de menace contre le canal.

■ *Le canal de Kiel*

C'est l'État allemand qui procéda à la construction du canal de Kiel, de 1885 à 1895, pour relier la Baltique à la mer du Nord. Soumis à l'origine au droit interne allemand, le canal fut internationalisé en 1919 par le traité de Versailles. Ce régime consacre la liberté totale de navigation pour tous les navires, la souveraineté territoriale de l'Allemagne s'exerçant dans l'application de sa législation en matière de police, douane et protection sanitaire notamment.

La souveraineté exclusive de l'Allemagne, avec un régime d'autorisation requise pour tout passage, fut rétablie unilatéralement par le IIIe Reich, en 1936. Depuis 1945, c'est de nouveau le régime juridique du traité de Versailles qui régit le canal de Kiel.

2 Les fleuves et cours d'eau internationaux

Sont qualifiés d'internationaux les fleuves situés sur le territoire de plusieurs États, qu'ils marquent une frontière ou qu'ils coulent successivement dans plusieurs États. Soumis à la souveraineté territoriale de l'État sur lequel ils se trouvent, le régime juridique de ces fleuves parce qu'ils présentent un intérêt commun pour plusieurs États est partiellement internationalisé. Les règles internationales visaient traditionnellement à conserver le caractère de voies de communication, puis au constat de la situation d'interdépendance entre États utilisateurs des fleuves, ont développé une internationalisation des règles relatives aux utilisations des cours d'eau internationaux à des fins autres que la navigation.

La plupart des grands fleuves internationaux font l'objet d'accords internationaux spécifiques qui peuvent créer des organes chargés de faciliter la gestion commune du fleuve (Commission du Rhin, Commission du Danube...). Ces accords fixent notamment (mais pas uniquement) les conditions de la navigation sur leurs eaux. Ces conditions sont extrêmement variables d'un fleuve à un autre, de sorte qu'il est aujourd'hui pratiquement impossible d'affirmer l'existence d'un véritable statut international des fleuves. Tout au plus peut-on relever quelques points communs et tendances qui vont dans le sens d'une liberté de la navigation, sans que ce principe puisse être présenté comme absolu.

■ *La navigation*

C'est avec le Congrès de Vienne de 1815 que les premières règles relatives à la réglementation de la navigation fluviale ont donné naissance à de véritables organisations internationales (*Commission centrale pour la navigation du Rhin, 1815*).

En 1921, sous les auspices de la Société des Nations, a été adoptée une convention internationale, complétée par un statut et un protocole sur les voies navigables d'intérêt international. Ces textes ont posé le principe de ***la liberté de navigation*** des riverains et non riverains et défini les obligations incombant aux États concernés (CPJI, 1929, juridiction de la Commission de l'Oder et 1934, Oscar Chinn).

La liberté de navigation est toutefois soumise à des limites qui tiennent à la fois au contenu du principe lui-même et à la portée limitée des accords de Barcelone.

Tout d'abord, il est admis que la liberté de la navigation n'est pas absolue. L'État territorial conserve un pouvoir de contrôle et d'aménagement de cette navigation qui est non négligeable et peut en pratique porter atteinte au principe lui-même. De plus cette liberté ne s'applique pas aux navires de guerre et certaines activités – de cabotage notamment – peuvent être réservées aux navires de l'État territorialement souverain.

Enfin, les accords de Barcelone n'ont qu'une portée juridique limitée. Ils ne s'appliquent qu'entre les États parties et aux fleuves internationaux non régis par des accords spéciaux, ce qui est l'exception. Le régime de la navigation sur la plupart des fleuves internationaux est donc ***réglé par des accords spécifiques***, qui aménagent diversement le principe de la liberté de la navigation.

■ *La protection du milieu*

La question de la navigation n'est cependant pas la seule prise en compte par le Droit international. La problématique environnementale est également présente. On peut citer à ce sujet la Convention sur le droit relatif aux utilisations des cours d'eau internationaux à des fins autres que la navigation de 1997. Elle énonce notamment que « les États du cours d'eau utilisent sur leurs territoires respectifs le cours d'eau international de manière équitable et raisonnable » et que « les États du cours d'eau prennent toutes les mesures appropriées pour ne pas causer de dommages significatifs aux autres États du cours d'eau ». Elle établit aussi une obligation générale de coopérer et d'échanger des informations et de protéger et préserver les écosystèmes des cours d'eau internationaux.

La raréfaction annoncée des ressources en eau peut également poser des problèmes. Ainsi, la construction et la mise en eau du barrage de la Renaissance sur le Nil bleu par l'Éthiopie sont source de tensions avec l'Égypte et le Soudan.

Chapitre 16

L'air et l'espace extra-atmosphérique

Relativement récent, le Droit international de l'air et de l'espace extra-atmosphérique est entièrement conventionnel. Il cherche à concilier le principe de souveraineté nationale avec les impératifs des communications internationales. Assez paradoxalement, il définit des statuts juridiques très différents pour ces deux espaces, sans pour autant fixer de critère pour les délimiter. C'est donc un critère fonctionnel qui gouverne la matière : ce ne sont pas les espaces mais les activités qui s'y déroulent qui font l'objet du droit.

Le droit de l'espace aérien s'applique partout où l'on trouve un aéronef, le droit de l'espace extra-atmosphérique partout où il y a vol astronautique, y compris pendant la traversée des premières couches d'air lors de l'envol des engins. Pour certains organismes impliqués dans les questions aéronautiques ou spatiales la limite serait fixée par la « ligne de Kármán » à 100 ou à 80 km de hauteur, sans accord sur ce point.

1 L'espace aérien

Le cadre universel du droit aérien positif découle des actes adoptés à la conférence de Chicago, en novembre 1944 (convention relative à l'aviation civile internationale, entrée en vigueur en avril 1947, accord relatif au transit des services aériens internationaux et accord relatif au transport aérien international), remplaçant la Convention de Paris de 1919.

■ *Le statut de l'espace aérien*

L'espace aérien peut être national ou international.

a) L'espace aérien national

L'État exerce sur son espace aérien sa souveraineté exclusive. Le statut du domaine aérien a donc été assimilé à celui du territoire terrestre de l'État. Ainsi, contrairement au statut de la mer territoriale, sur lequel on avait un moment pensé calquer le statut de l'espace aérien, il n'existe pas en droit aérien de libre passage inoffensif pour tous les aéronefs.

Cet espace comprend la colonne d'air située au-dessus du territoire terrestre et des eaux territoriales de l'État, le droit aérien ne faisant aucune différence dans le régime de ces deux espaces.

Dans cette zone, l'État réglemente librement la fréquentation de son espace aérien, sous réserves de ses engagements conventionnels.

b) L'espace aérien international

L'espace aérien international, dans lequel s'applique un régime de liberté de la navigation aérienne, s'étend au-dessus de la Haute mer mais aussi des ZEE et des plateaux continentaux.

■ *Le régime de la navigation*

Les actes de la conférence de Chicago différencient les aéronefs d'État, qui sont réservés à un service militaire, de douane ou de police, et les aéronefs civils.

a) Les aéronefs civils

Il n'existe pas, en droit aérien, « une » liberté de l'air mais « des » ***libertés de l'air*** dont l'usage est plus ou moins modulé.

L'accord sur le transit affirme deux de ces libertés qui s'appliquent à tous les aéronefs civils n'assurant pas un service de transport commercial : les aéronefs civils étrangers bénéficient d'un droit de survol sans escale et du droit de procéder à des escales non commerciales et à des fins techniques.

Les aéronefs civils assurant un service de transport commercial non régulier jouissent de ces mêmes libertés et d'une possibilité de faire des escales commerciales dans les conditions fixées par l'État.

L'article 6 de la Convention de Chicago prévoit un régime particulier pour les aéronefs exploitant des lignes régulières puisqu'« aucun service aérien international régulier ne pourra survoler ou desservir le territoire d'un État contractant s'il ne possède une permission expresse ou une autre autorisation dudit État, et sous condition de se conformer aux termes de cette permission ou de cette autorisation ». En général, ces autorisations font l'objet d'accords bilatéraux basés sur la réciprocité. L'Union européenne a mis en place une réglementation sur la question du transport aérien.

Par ailleurs, l'article 7 de cette convention permet de réserver le transport aérien intérieur aux aéronefs nationaux.

Lorsqu'un aéronef civil pénètre dans l'espace aérien d'un État sans en avoir l'autorisation, l'État doit procéder à une riposte raisonnable. Depuis 1984 et « l'incident » du Boeing de la Korean Air Lines détruit par l'URSS avec tous ses passagers, l'interdiction de destruction des appareils civils en vol a été instaurée.

b) Les aéronefs d'État

Tout survol du territoire national par un aéronef d'État nécessite une autorisation, dont la délivrance est soumise au pouvoir discrétionnaire de l'État. En cas de survol non autorisé, l'État dispose d'un droit d'interception des appareils qui peut aller jusqu'à abattre l'appareil.

■ *L'Organisation de l'Aviation Civile Internationale*

L'impératif de sécurité de la navigation aérienne a nécessité l'adoption de règles communes, au niveau universel. L'OACI a ainsi été créée afin d'***uniformiser les procédures aériennes***. Cette institution spécialisée des Nations unies dispose pour cela d'un véritable pouvoir réglementaire qui lui permet d'adopter des procédures internationales et des pratiques recommandées (qui portent par exemple sur la nationalité des aéronefs, le bruit...). Ces textes, qui sont adoptés après consultation des États s'imposent à la communauté internationale si une majorité d'États ne s'y oppose pas dans les trois mois suivant leur adoption.

Les réglementations nationales doivent donc intégrer les normes de l'OACI. Par ailleurs, l'OACI adopte directement les règles en vigueur au-dessus de la haute mer, même si de toute façon l'aéronef qui navigue dans l'espace international demeure sous le contrôle de l'État d'approche et doit se plier à ses instructions.

L'OACI s'est également vu reconnaître des attributions juridictionnelles pour résoudre les différends entre États surgissant à propos de l'interprétation ou de l'application de la convention de Chicago.

2 L'espace extra-atmosphérique

Le droit de l'espace extra-atmosphérique découle d'un certain nombre d'instruments internationaux qui fixent le statut de l'espace et le régime des activités qui s'y déroulent :

- le traité sur les principes juridiques régissant les activités des États en matière d'exploration et d'utilisation de l'espace extra-atmosphérique, y compris la Lune et les autres corps célestes, du 27 janvier 1967 ;
- l'accord sur le sauvetage des astronautes, le retour des astronautes et la restitution des objets lancés dans l'espace extra-atmosphérique, du 22 avril 1968 ;

- la convention sur la responsabilité internationale pour les dommages causés par des objets spatiaux, *du 29 mars 1972* ;
- la convention sur l'immatriculation des objets lancés dans l'espace extra-atmosphérique, du 14 janvier 1975, et ;
- l'accord régissant les activités des États sur la Lune et les autres corps célestes, du 18 décembre 1979 (les corps célestes sont les planètes, astéroïdes, étoiles...).

■ *Le statut de l'espace extra-atmosphérique*

Ce statut est régi par trois principes.

a) Non-appropriation nationale

L'espace extra-atmosphérique est « l'apanage de l'humanité tout entière » et la Lune et les corps célestes appartiennent au patrimoine commun de l'humanité. Ils sont donc insusceptibles d'appropriation nationale ou même de revendication territoriale et chaque État y jouit d'une ***liberté d'accès et de stationnement***. À ce titre, les revendications des pays de la zone équatoriale sur l'orbite des satellites géostationnaires en 1976 ont été catégoriquement rejetées par la communauté internationale. Toutefois, les différents textes n'avaient pas prévu que des acteurs privés puissent revendiquer un droit d'appropriation du sol ou des ressources. Le droit devra s'adapter à cette nouvelle donne.

b) Libre utilisation

Tous les États peuvent utiliser l'espace extra-atmosphérique sans avoir à en demander l'autorisation aux États sous-jacents notamment ; cette liberté comprend la liberté de lancement d'objets dans l'espace et la liberté d'utilisation des orbites, de la navigation spatiale de la recherche scientifique... Ceci a par exemple pour conséquence que la télédétection par les satellites d'observation – qui peut avoir des objectifs d'espionnage – est parfaitement licite en Droit international.

c) Utilisation pacifique

L'espace extra-atmosphérique doit être utilisé conformément aux principes du Droit international et ne doit servir que des fins pacifiques. À ce titre, il est interdit de mettre des armes nucléaires ou de destruction massive en orbite ou de les stationner sur la Lune et les corps célestes. Ces dispositions sont généralement entendues comme n'impliquant pas une démilitarisation de l'espace – puisque des programmes à vocation strictement défensive sont acceptés – mais autorisant un usage non agressif en conformité avec la Charte des Nations unies.

■ *Le régime des activités spatiales*

Les activités très diverses menées dans l'espace (fabrication de produits industriels dans les conditions de l'apesanteur, transmission de la télévision directe...) sont toutes soumises aux mêmes principes, avec les mêmes questionnements pour les personnes privées. Plusieurs États ont adopté des législations en faveur de l'exploitation par des personnes privées des ressources des corps célestes.

a) Responsabilité de chaque État pour les activités conduites à partir de son territoire

Cette responsabilité de l'État de lancement est préventive, par la sélection des autorisations de lancement, et vise les dommages causés par les engins spatiaux c'est ***une responsabilité objective*** – sans faute – pour les dommages causés sur terre ou aux aéronefs, en revanche elle est basée sur la faute pour les dommages causés à un autre objet spatial. Cette responsabilité de ***l'État de lancement*** se conjugue avec le principe de la compétence exclusive de ***l'État d'immatriculation*** des objets. L'État exerce sur les objets spatiaux de sa nationalité le même type de compétences que celles qu'il exerce sur les navires battant son pavillon. Les astronautes sont également soumis à la juridiction de l'État d'immatriculation de l'objet spatial et non pas de l'État dont ils ont eux-mêmes la nationalité (des conventions spécifiques ont été conclues pour la Station Spatiale Internationale).

b) Obligation de coopération

En pratique, cette obligation de coopérer se traduit par l'engagement de faciliter l'observation des vols astronautiques, de faciliter la diffusion la plus large possible des informations recueillies grâce à ces vols et d'ouvrir dans la mesure du possible l'accès des installations. Les astronautes – envoyés de l'Humanité – doivent se porter mutuellement assistance dans l'espace ou sur la lune, dans toute situation de détresse. Les États ont également l'obligation de participer au sauvetage des astronautes dans les cas d'accident ou de détresse, notamment lors du retour sur terre (amerrissage ou atterrissage) : les astronautes seront également rapatriés dans leur État d'origine et bien entendu les engins immatriculés seront remis à l'État d'immatriculation.

Focus

Le président des USA a adopté en avril 2020 un décret présidentiel qui vise à permettre l'exploitation de la lune – non pas dans l'intérêt de tous – mais uniquement dans celui de l'exploitant. Les USA ont ratifié le traité de 1967 mais pas celui de 1979 et ne considèrent pas que « L'exploration et l'utilisation de la Lune sont l'apanage de l'humanité tout entière et se font pour le bien et dans l'intérêt de tous les pays [...] ».

BIBLIOGRAPHIE

Ouvrages

- Alland (D.), *Manuel de droit international public*, 9e éd., 2022, PUF.
- Balmond (L), *Droit international humanitaire*, 2020, Bréal.
- Buirette (P.), *Le droit international humanitaire*, 2019, La Découverte.
- Carreau (D.), Marella (F.), *Droit international*, 12e éd., 2018, Pédone.
- Collectif, *Dictionnaire des idées reçues en droit international*, 2017, Pédone.
- Combacau (J.) et Sur (S.), *Droit international public*, 13e éd., 2019, LGDJ-Lextenso, coll. Précis Domat.
- Carme (N), Philippe (A), Rapp (L), *Le droit international : entre espaces et territoires*, 2020, Institut Francophone pour la Justice et la Démocratie.
- Cot (J.-P.), Pellet (A.), *La Charte des Nations unies : commentaire article par article*, 3e éd., 2005, Économica.
- Crepet Daigremont (C.), De Nanteuil (A.), Iten (J.-L.), Le Floch (G.), Les *grandes décisions de la jurisprudence internationale*, 2e éd., 2021, Dalloz.
- Cumin (D.), *Manuel de droit de la guerre*, 2e éd., 2020, Bruylant.
- Daillier (P.), Pellet (A.) et Quoc Dinh (N.), *Droit international public*, 9e éd., 2022, LGDJ-Lextenso.
- Deyra (M.), *Droit international public*, 9e éd., 2022, Gualino-Lextenso, coll. Mémentos LMD.
- Dongar (O), *L'évolution de la finalité des activités spatiales*, 2020, Pédone.
- Dormoy (D), *Introduction au droit des organisations internationales*, 2020, Bruylant.
- Dupuy (P.-M.), Kerbrat (Y.) *Droit international public*, 15e éd., 2020, Dalloz.
- Dupuy (P.-M.), Kerbrat (Y.), *Grands textes de droit international public*, 10e éd., 2018, Dalloz.

– De Frouville (O.), Decaux (E.), *Droit international public*, 12e éd., 2020, Dalloz.

– Henry (S.), *Justice internationale*, 2017, Gualino-Lextenso, coll. Droit Expert.

– Pancracio (J.-P.), *Droit de la mer*, 2010, Dalloz.

– Pellet (A.), et Miron (A.) (dir.), *Les grandes décisions de la jurisprudence française de droit international public*, 2015, Dalloz.

– Ruzié (D.) et Teboul (G.), *Droit international public*, 26e éd., 2021, Dalloz.

– Santulli (C.), *Droit du contentieux international*, 2e éd., 2015, LGDJ-Lextenso.

– Sierpinski (B.), *Institutions internationales*, 21e éd., 2021, Dalloz.

– « ... À quoi sert le droit international ? », *Questions internationales*, n° 49, mai-juin, 2011.

Périodiques

– *Recueil des cours de l'Académie de droit international de La Haye*

– *Colloques de la Société Française pour le Droit International*

– *Annuaire Français de Droit international (AFDI)*

– *Revue Générale de Droit International Public (RGDIP)*

Sites internet

– ONU : *www.un.org/fr/index.html*

– CIJ : *www.icj-cij.org*

– Comité international de la Croix-Rouge : *www.icrc.org/fr*

– CEDH : *www.echr.coe.int*

– Ministère des Affaires étrangères : *www.diplomatie.gouv.fr*

– Observatoire de la diplomatie : *http://observatoire-de-la-diplomatie.com*

FSC
www.fsc.org
MIXTE
Papier issu de sources responsables
FSC® C022829

IMPRIM'VERT®

Imprimé en France par La Nouvelle Imprimerie Laballery, 58500 Clamecy

Ce produit est composé de matériaux issus de forêts bien gérées certifiées FSC® et d'autres sources contrôlées.

Imprimeur certifié

Achevé d'imprimer en août 2022
Numéro d'impression : 207695
Dépôt légal : août 2022